KB233472

디자인을 말하다

DESIGN

디자인을 말하다

남주헌 지음

이담 Books

" 철학자는 말했다. 인간은 이성적 동물이라고,
수학자는 말했다. 수는 불완전하다고,
정치가는 말했다. 좋은 날이 온다고,
나는 이제 말한다. 디자인을 배우라고. "

들어가는 글

디자인이 필수인 시대가 되었다.

서비스 산업도 디자인이 필수고, 제조업도 서비스 디자인이 필수인 시대다. 은행에서 고객이 기다리는 시간을 최소화하고, 병원에서는 환자의 불편을 최소화하는 방안을 디자인에서 찾고 있다. 정부도 혁신적인 서비스 디자인이 필수인 시대가 되었고, 개인도 자기 계발을 위해 디자인이 필요한 시대가 되었다.

우리 사회는 급속한 도시화와 정보통신 기술의 발달과 정보의 홍수 속에 공동체적 삶이 무너져 내리고 있다. 개인적이고 파편화된 도시의 생활이 우리 마음속에 자리 잡기 시작하였다. 산업화·도시화의 경제구조 시대를 맞아 지방도시는 경제적 어려움을 겪고, 그 구성원 또한 패러다임 변화에 멀미하면서 여러 사회문제를 나타내고 있다.

20세기 디자인은 고객이 원하는 것을 알아내 효율적으로 실천함으로써 기업이윤을 창출하는 한 수단으로 전개되었다. 모양을 예쁘게 만들어 제품이 잘 팔리게 하는 것은 이런 디자인 범주의 한 단편에 속한다. 21세기 선진 디자인은 개개의 이익과 잘 조화되며 사회 구성원 전체의 공통된 이익을 추구하는 公共福祉로 자리 잡고 있다. 더 자유롭고 더 행복한 삶을 만들어 가야 한다는 과제를 안고 문화적 속성을 강하게 드러내고 있다.

　디자인은 대중의 생활문화에서 맑은 공기와 같은 존재가 되었다. 디자인의 힘으로 자신의 정체성과 내가 살고 있는 지역과 우리의 고장을 재생시켜 매력 덩어리로 만들어 보면 어떨까? 자기 자신이 자신을 소중히 여기지 않고, 내가 살고 있는 지역을 디자인하지 않는다면 누가 대신해 줄 것인가? 신의 섭리에 따라 진행되는 것이 아니다. 더 자유롭고 행복한 삶은 우리들이 실천을 통해 스스로 만들어 가는 것이다.

　스스로의 실천에 따라 자신을 살리기도 하고 죽이기도 한다. 그래서 우리 삶에 더 관심을 가져야 한다.

　인간의 행위는 사람과 사람 사이에서 일어나는 행위로 상호작용이라 한다. 상호작용은 일방적인 관계가 아니라 서로 간의 이해를 바탕으로 한다. 이웃의 자유와 행복한 삶에 대해 관심을 가져야 한다. 이것이 나에게 있어서 더 자유롭고 더 행복한 삶을 만들어 가는 지름길이다. 대화를 통해 의사소통하고, 사람들이 진지하게 의견을 교환하고, 해결해야 할 문제들에 대해 토론할 수 있는 공간을 디자인해 가야 한다. 의사소통과 토론하는 것이다.

디자인은 반복 활동을 통해 체화(體化)되는 것이다. 한번 익히면 시간이 갈수록 효율성은 높아진다. 누구나 연습하면 잘할 수 있는 것이 디자인이다.

리더는 말했다. 디자인을 배우라고.

책 발간에 함께 해주신 출판사 관계자 모든 분들에게 감사드리며, 중부일보 이재교 부국장님에게 진심으로 감사드립니다.

남주헌

1 | 디자인을 중심축에 놓아라 • 11

2 | 인간은 환경의 지배를 받는다 • 57

1. 디자인을 중심축에 놓아라

"대중은 우리의 스승인 것이며 그들이야말로 우리들에게 무슨 일을 해야만 하는가를 가르치고 있다. 그들은 가장 신뢰할 만한 재판관이며 가장 권위 있는 비평가들이다. 그들은 때로 이러한 모든 것의 창조자이기도 한다."

—빅터 파파넥, 디자인 교육가

디자인은 시간의 문제다

마가렛 대처 수상은 디자인의 중요성을 강조했다. 1979년 첫 각료회의에서 한 명언이다. "Design or Resign" 디자인하든지 아니면 사임하라! 영국은 산업혁명으로 빛을 보았지만 그 이면에는 어두운 그늘을 지고 있어 새로운 활로가 필요했다. 대처 수상은 디자인을 영국의 미래를 이끌어 갈 원동력으로 직시하고 디자인에 대한 투자를 아끼지 않았다. 이후 런던을 중심으로 널려 있던 창고, 공장 건물들은 창의적인 디자이너들이 일할 수 있는 공간으로 바뀌기 시작했다.

국가 경제에 있어서 '디자인 정책'이 수동적이고 보조적 기능을 담당하던 시기는 이미 지났다. 디자인이 국가경쟁력을 결정짓는 중요한 요소라는 점은 이제 부인할 수 없는 현실이 된 것이다. 물론 정도의 차이는 존재한다. 하지만 선진국 대부분의 나라가 디자인을 경제 발전과 경쟁력 강화를 위한 전략적 수단으로 간주하고 있다.

특히 우리나라를 비롯하여 영국, 일본, 덴마크, 스페인 등 OECD 국가의 경우 디자인 정책을 국가 차원에서 적극 지원, 디자인 수준과 국가 경쟁력에서 괄목할 성장을 이루어 냈다.

이 같은 디자인 정책과정에 중앙정부가 적극 개입하는 이유는 간단하다. 디자인 경쟁력은 한 기업이나 산업 차원의 문제가 아니다. 경제수준, 교육시스템, 문화유산, 기술수준, 정보획득 능력 등 종합적이고 통합적인 역량을 통해서만 향상될 수 있기 때문이다. 우리나라의 경우도 1993년부터 산업디자인 진흥을 위한 5개년 계획을 추진해 왔다. 지난 2003~2007년까지 제3차 산업디자인 종합계획에서는 디자인 산업을 동아시아의 허브로 육성한다는 목표 아래 적극 지원한 바 있다. 2007년 언론사에서 '황의 법칙'[1]을 특집기사로 다룬 바 있다. 황의 법칙은 반도체 메모리의 용량이 1년마다 2배씩 증가한다는 이론이다. 삼성전자가 일본을 비롯한 다른 국가에 비해 반도체 특정 분야에서 '6개월 앞선다' 또는 '1년 앞선다'는 게 주요내용이다. 특별한 사정이 없는 한 사실상 추월이 불가능한 수준이라는 게 전문가들의 일치된 견해다.

디자인 분야도 반도체처럼 집중 투자가 이루어져 다른 국가보다 반 발짝만 앞서 나간다면 그 차이와 효과는 측정하기 어려울 정도라 판단된다. 경제 발전 요소 중 우수한 인력자원 확보가 유일한

---

1 반도체 메모리 용량이 1년마다 2배씩 증가 한다는 이론으로 전 삼상전자 황창규 사장이 발표한 '메모리 신성장론'이며 그의 성을 따서 '황의 법칙'이라 부른다.

자원인 우리나라의 경우, 디자인 분야는 다른 어떤 산업보다 높은 경쟁력을 지닐 수 있다. 신속하고 효율적이면서 체계적인 지원이 필수적이라는 점도 간과해서는 안 된다. 이를 위해 중앙정부와 지방정부, 그리고 민간부문의 효율성과 다양성—외형상으로는 서로 대립되는 개념으로 보이지만—에 대한 연구와 투자가 우선적으로 이루어져야 한다.

각 국가마다 정도의 차이는 있지만, 중앙정부 차원에서 지원하는 디자인 정책은 공통현상을 지니고 있다.

첫째, 문화 정체성 확립이다. 디자인을 통한 문화 정체성은 강력하고 오랫동안 지속되는 특성이 있다. 이로 인해 브랜드 이미지를 넘어 국가 이미지 창출, 나아가 국가의 모든 브랜드 이미지에 영향을 줌으로써 국가경쟁력 향상에 상당한 영향력을 미친다. 예를 들어 보자. 1970년대부터 본격적으로 형성된 일본제품의 경우 섬세하고 세련된 디자인이 전자제품이나 자동차뿐만 아니라 모든 제품에 적용됨으로써 국가 이미지와 국가경쟁력 증대에 결정적 요소로 작용했다. 2000년대 초반부터 일본의 디자인 방향도 문화적 개념으로 디자인산업을 육성하고 있다. 첨단 기술의 등장으로 디자인 산업은 디지털 기술과 융합되어 감에 따라 고품질·고품격의 이미지와 전통문화의 융합전략으로 신일본 양식(Neo Japanesque) 이미지를 만들어 가고 있다. 최근의 추세는 거의 모든 국가들이 국가 이미지와 문화 정체성을 산업디자인과 연계시키는 정책을 채택, 운영하고 있다.

둘째, 디자인 혁신을 통한 삶의 질 향상이다. 산업디자인이 추구하는 두 가지 가치인 기능성과 심미성이 구체적으로 구현될 경우 인간의 삶을 풍요롭게 한다는 점에서 디자인이 공동체 구성원의 삶의 질을 제고하는 데 기여하고 있다. 이밖에도 환경디자인, 도시디자인 등을 통해 개인과 일반 대중에게 디자인의 사회적 가치를 인식시키고 공유하는 것도 중앙정부의 중요한 디자인 정책 목표 중 하나로 볼 수 있다.

셋째, 교육적 목표의 정립이다. 디자인 인구의 저변확대를 위해 각급 학교에서 디자인 교육을 강화하고, 디자인 전시회와 디자인상을 제정하고, 디자인에 대한 고급전문가를 양성하고, 디자인을 여러 학문과 교류함으로써 새로운 지식을 전파하고 접목하는 것이 교육적 측면에서의 목표라 할 수 있다.

마지막으로 경제적 측면의 목표이다. 디자인을 공공과 민간 부문의 경제발전을 위한 전략적 수단으로 활용할 뿐만 아니라 새로운 일자리와 사업의 창출이 가능하다. 더불어 디자인은 제조업의 국제 경쟁력을 강화할 뿐 아니라 디자인산업 자체의 경쟁력 강화를 통해 새로운 경제가치 원천으로 사용할 수 있기 때문이다.

모든 국가들이 자국의 정체성을 바탕으로 하는 경쟁력 배가 노력을 사회 전반적으로 추진 중인 가운데 디자인을 그 중심에 놓고 있다. 따라서 디자인 문화가 국가 차원에서 일상생활 속에 깊숙이 자리 잡도록 인프라 구축이 필요하다. 디자인 정책은 시간의 문제이다.*

발상의 전환이 필요한 시기

1991년 일본의 최북단 아오모리 현에 태풍이 몰려왔다. 수확기에 접어들었던 사과들이 모조리 사과나무에서 떨어지고 말았다. 통상적으로 예상 수확량의 10%가량이 떨어지던 게 '그 해에는 무려 96%가 떨어지고 말았다. 어떻게 해야 할까.

아오모리의 청년 지도자인 미우라 료이치가 아이디어를 냈다. "떨어진 96%의 사과를 보지 말고 남은 4%의 사과를 보자." 미우라는 남은 4%의 사과에 '떨어지지 않는 사과"라는 이름을 붙였다. 사과 상자에 '풍속 53.9m/s 태풍에도 떨어지지 않는 사과'란 큼지막한 문구와 사과나무 그림, 그리고 '합격 기원'이란 연상을 일으킨 이 사과는 수험생과 학부모에게 폭발적으로 팔렸다. 가격은 순식간에 일반 사과의 30배로 치솟았다. 위기에서 나온 역발상 하나가 아오모리현을 살렸다.

—중앙일보 칼럼에서

서울특별시를 필두로 거의 모든 지방정부들이 디자인 담당 부서를 신설 또는 개편한 뒤 해당 공무원을 충원하고 있다. 하지만 디자인에 대해서는 별다른 생각 없이 다른 지방정부가 만들었으니 우리도 만들어야 한다는 풍조가 있는 듯하다. 물론 21세기는 디자인이 필수인 시대다. 국가에 따라 정도의 차이는 있지만 대부분의 지방정부가 유사한 조직을, 그것도 지방정부의 조직으로 해야 하는가에 대한 심각한 고민이 필요하다. 디자인은 작게는 '젓가락 디자인'부터 올림픽과 같은 '총체적인 국가 디자인'까지 범위, 기능, 성격 등에서 너무나 다양하고 한계를 규정할 수 없기 때문이다.

1970년대까지 국가의 모든 것은 행정으로 요약할 수 있었다. 교육행정, 체육행정, 보건행정 등과 같이 국가 현상에 행정을 붙이면 그 사업의 성격을 규정할 수 있었다. 그 후 2000년까지는 '정책의 시대'였다. 그리고 21세기는 의심할 바 없이 '디자인의 시대'이지만 사고 방식과 환경은 행정과 정책 시대와 별반 다른 것이 없다. 디자인 정책이 중요하다고 디자인에 관한 모든 것을 정부조직(Government)에서 해결해야 된다는 발상은 상당히 비효율적이다.

제29회 베이징 올림픽 개막식을 연출한 핵심 인물들은 영화감독으로 유명한 장예모(張藝謀) 총감독을 비롯해서 각 분야의 민간 전문가로 구성되어 있다. 우리나라보다 관 의존도가 훨씬 높은 중국조차 디자인을 중국 공산당이나 정부조직에서 일률적으로 하지 않았다. 중국과 중국 국민들이 100년을 희망했고 국가 차원에서 최소 지난 7년을 준비한 사업을 상업영화나 만드는 사람에게―민간 부문으로—과감하게 이관했다. 중국의 정치체계는 아직도 공산당 일당 지배 방식이지만 정치 분야를 제외하고는 전 분야에 있어서 다양성과 실용성을 매우 중시한다.

중국의 다양성과 실용성은 전 국가주석이었던 등소평의 '흑묘백묘론(黑猫白猫論)'에 잘 나타나 있다. 쥐 잡는 데에는 흰 고양이든 검은 고양이든 상관없다. 색깔에 관계없이 쥐 잘 잡는 고양이가 좋은 고양이라는 사상은 지금까지도 없었고 앞으로도 나오기 어려운, 베이징올림픽 개막식을 연출하는 토양이 되었다.

'메이드 인 차이나(Made in China)'에서 '크리에이티브 인 차이나(Creative in China)'로 중국이 디자인 경쟁력을 높이는 데 힘을 쏟고 있다. 도시마다 오랜 역사와 문화유산을 현대 디자인으로 승화하겠다는 것이다. 무기공장이던 곳을 미술 전시장과 공연장이 들어선 '798 예술구(大山子 798)'로 꾸며 세계적인 관광명소로 만든 베이징이 선두에 있다. 다이웨이 베이징 부비서장은 "디자인은 우리 경제 발전의 모델을 인간·생태 중심으로 바꿔 나가는 데 주도적인 역할을 할 것"이라 강조한다.

디자인 정책에 대한 필요성과 중요성이 강조될수록 정부조직 주도로 디자인 정책과 환경을 조성하겠다는 생각에서 민간부분으로 이관하겠다는 발상의 전환이 필요하다. 디자인 정책에 대한 업무를 담당하기 위해 지방정부 공식조직의 일부로서나 임시위원회로서, 아

798 예술구(大山子 798)는 원래 구소련과 독일의 기술로 만든 무기공장지대였으나 냉전이 끝나고 무기생산이 활력을 잃으면서 공장들은 외부로 옮겨지게 되었다. 저렴한 임대료로 가난한 예술가들이 모이면서 자연스럽게 예술지역이 형성되었다. 2006년 798 예술구 10개의 '문화창의산업집중구'로 지정.

니면 지역사회 관련 시민단체나 학회, 단체 등에 위임하는 방식 등에 대한 검토가 필요하다. 지역 역사나 특성에 맞는 디자인 정책과 정책 담당 조직이 필요하지만 반드시 정부조직일 필요는 없다. 오히려 경쟁력을 확보할 수 있다면 비정부 조직(Governance)이 더 효율적일 수 있다. 이에 대한 진지한 발상의 전환이 필요한 시기다.*

비효율성을 줄이는 노력

한국디자인진흥원 김현태 원장은 디자인은 비용 아닌 투자라고 설파한다(2010). "디자인을 비용이 아닌 투자로 인식해야 한다. 한정된 자원을 전략적으로 활용해야 하는 현실에서 오히려 디자인을 '문제를 해결할 수 있는 도구'로 활용해야 한다." 한편 "디자인 중심 사고는 기술력 제조 기반이 튼튼한 우리나라에 꼭 필요한 투자이다. 세계 최고의 얼리어답터, 최고의 안목을 지닌 소비자를 둔 대한민국에서 중소기업들은 이들의 입맛에 맞추기 위해 끊임없이 기술력을 쌓아 왔다. 기술력을 가진 중소기업들이 디자인으로 무장한다면 작지만 강한 기업 '강소기업'으로 거듭날 수 있다"라고 강조한다.

최근 2~3년 사이에 디자인과 디자인 정책에 대한 국민적 관심과 정부의 요구가 급증하고 있다. 특히 서울특별시와 경기도를 비롯한 광역자치단체가 기존 조직과 독립된 별도의 '디자인정책본부' 설치 등 상징적인 정책과 제도 등을 주도적으로 실행하고 있다. 다소 늦은 감이 있지만 지금이라도 체계적이고 지속적일 수 있도록 제도를 만들고 관련법을 개정할 필요가 있다.

일반 사기업 영역에서는 CI로 대표되는 기업 이미지를 일찍부터 발전시켜 왔다. 오랜 기간 국민들에게 인식되어 온 회사 명칭보다 당시로서는 상당히 낯선 CI로 통합하는 작업에 적지 않은 비용과 시간을 투자한 결과, WTO로 대표되는 세계시장에서의 경쟁력 확보에 최소한의 요건을 갖추게 되었다.

지방자치단체가 고유의 도시 이미지를 제고하려는 것은 당연한 현상이고 디자인 정책을 통해서 이를 성취하려 하고 있다. 적지 않은 건축학자들이 건축의 도시로 시카고를 꼽는다. 그런데 시카고가 처음부터 '건축의 메카[2]'였던 것은 아니다. 시카고 전체 도시가 화재로 거의 소실되었고 이를 복구할 때에 건물의 다양성을 요구하면서 같은 모양의 건물을 건축하지 않은 게 시발점이었다.

각 지방자치단체가 고유의 디자인을 추구하는 것은 바람직하다. 하지만 우려되는 것은 지방자치단체마다 각자의 프로그램을 추구하는 게 바람직하냐는 점이다. 지방자치단체의 다양성을 어디까지 인정하는 것이 바람직한가에 대한 진지한 고민이 필요한 시점이다.

---

2 바람이 많은 도시 시카코는 화마가 휩쓸고 간 아픈 기억을 앓고 현대 건축의 꽃을 피웠다. 1871년 일어난 대화재(Great chicago fire)로 도심 절반 이상이 소실됐다. 폐허가 된 당은 신진 건축가들에게 새로운 무대가 됐다. 100년 동안 현대 건축사를 차곡차곡 써 내려가며 오늘날 시카코는 개성 넘치는 건물들이 하나하나 들어섰다.

1995년부터 본격적으로 시작된 지방자치제가 이제 10여 년이 지난 지금까지도 우리나라는 적지 않은 문제점과 한계를 가지고 있다. 특히 이웃 일본과 중국도 봉건제도를 경험하면서 중앙정부와 지방정부의 분권에 대한 나름의 연혁과 경험을 지니고 있으나 우리나라는 전혀 그렇지 못한 상황이다.

지방자치 초기에는 경기도와 경기도 내 시·군 간의 영역에 대해서 적지 않은 혼선이 있었다. 심지어는 토지에 대해서 개인 사유지가 아니면 모두 국유지로 인식하고 있었다. 즉 국유지에도 중앙정부, 경기도, 해당 시·군의 토지로 구분된다는 점을 당시의 공무원조차 명확한 인식을 갖고 있지 못했던 것이다. 하지만 지난 10여 년간 각 지방자치단체가 고유의 정책과 업무를 확보하는 데 치중한 결과, 오히려 부작용이 나타나고 있다.

우리나라 지역축제는 1,000여 개에 이른다. 딸기축제, 한산모시축제, 벚꽃축제, 보령머드축제 등등 모든 지자체들이 각 고장의 고유 사업을 하고 있으나 효율성과 대표성을 확보하지

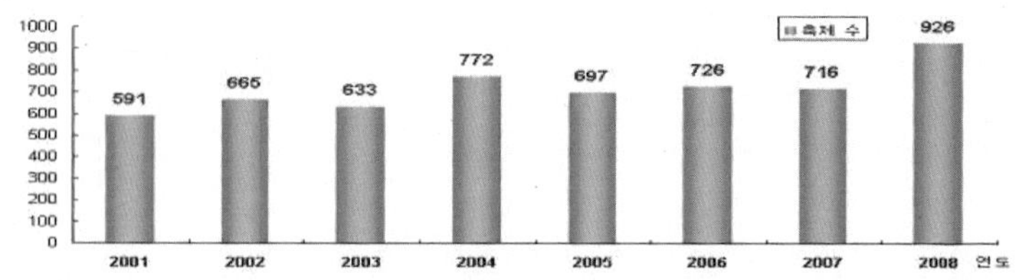

연도별 지역축제 수의 변동 추이 / 문화체육관광부

못하고 있다. 물론 함평의 나비축제처럼 상당기간 동안 비효율적인 사업으로 분류되다 지금은 성공한 지역특성화 사업으로 발전한 사례도 있다. 그러나 전반적으로 성공률은 상당히 낮은 실정이다.

또한 인구가 많은 지방자치단체는 예외 없이 다양한 종류의 시설관리공단을 설립하고 있으나 그 효율성에 대해서는 회의적인 평가가 주를 이루고 있다. 다양성을 추구하는 것은 바람직하고 일부 사람들이 오해하고 있는 낭비와는 반드시 구분되어야 한다. 하지만 적절한 범위 내에서 디자인 정책에 대한 다양성을 인정하면서도 불필요한 낭비요소를 제거하는 거시적인 정책과 제도적 틀의 마련이 시급하다.

우리나라는 지방자치 이후 중앙정부와 지방정부의 관계에 있어서 적지 않은 시행착오와 한 번도 경험하지 못했던 분야에 대한 새로운 관계 정립이 꾸준하게 진행되고 있다. 그러나 아직도 부족한 부분이 적지 않다. 참고로 각 주의 연합체로 구성된 미국의 경우 국방, 외교, 화폐의 발행, 전국 단위로 실시되는 도량형 등에 대해서만 연방정부가 전적으로 담당하고 나머지는 주정부와 기초자치정부에 맡기고 있다. 검찰권과 사법권까지도 지방정부에 있다. 다시 말해서 거의 모든 행정행위의 주체가 주정부 위주로 구성되어 있다.

하지만 민주주의와 다양성을 폭넓게 인정하는 미국도 지방정부의 무계획적이고 무절제한 제도와 정책을 통제하는 제도적 장치가 있다는 점을 잊지 말아야 한다. 세계 어느 나라보다도 다양성을 우선하지만 동시에 비효율성을 줄이는 노력을 끊임없이 해 온 미국처럼 우리나라도 각 정부 간의—중앙 정부, 시·군—디자인 정책 영역에 대한 연구와 검토가 선행되어야 한다.*

디자인은 부를 가져오는 금맥이다

마일스 페닝턴, 영국 왕립예술대학 혁신디자인공학과 학과장은 "창의적 인재를 키워 내려면 멋진 실패에 환호를 보내야 한다." "교육에 다양성도 담아야 한다. 창의 교육은 다양한 분야, 다양한 경험을 녹이는 용광로(melting pot)가 돼야 한다"고 강조한다.

디자인이란 용어만큼 우리 일상생활에서 광범위하게 사용되는 단어도 드물다. 모든 세대, 모든 분야에 적용된다고 해도 과언이 아니다. 정치가들은 '정계의 구조 개편'과 관련지어 디자인이란 용어를 구사하고, 공학에서는 '칩 디자인', '시스템 디자인' 등에서 알 수 있듯 '설계'를 의미하기도 한다. 기업 경영의 측면에서 '디자인'이라는 말은 '경영 합리화를 위한 계획'을 의미한다. 또 도시계획가나 조경가들은 디자인을 '계획'이라는 의미로 사용하며, 미술 작품을 목적으로 할 때 디자인은 '작품의 사전 구상' 정도의 의미로 쓰인다.

디자인은 이해하고 적용하는 방법과 각 분야에 따라 다소 차이가 있을지언정 우리 생활 그 자체이며 우리가 살아가고 있는 이 시대의 중요 아이콘으로 자리 잡고 있다. 이러한 디자인은 한 곳에 멈추어 있는 것이 아니라 우리의 삶 속에서 살아 움직이고 있어야 의미가 있다. 디자인이 국가나 기업 경쟁력의 핵심 화두로 떠오르고, 문화와 산업의 양대 산맥 사이에 피어난 거대한 부의 상징으로 비유할 수 있다. 디자인은 미래 사회에 엄청난 부가가치를 가져오는 금맥(金脈)을 형성해 나가고 있다.

과거 우리는 특정 지역에 일정 제품으로 승부수를 거는 정부의 수출 드라이브 정책과 노동력을 바탕으로 단기간에 고도성장을 이룩할 수 있었다. 이 과정에서 독자적인 디자인 개발보다는 손쉬운 OEM을 선호하여 적은 투자로 단기적인 이익을 얻는 산업구조였다. 이것도 국가산업 육성 차원에서 정책적 지원과 투자가 이루어진 결과이다. 압축적 경제성장 속에 우리의 고유 브랜드나 제품 개발에는 등한시했던 것이 사실이다.

21세기는 글로벌 시대요, 다원화 사회이다. 동양과 서양, 과거와 현재의 퓨전문화와 다양성이 혼재한다. 첨단 기술도 평준화되고, 변화의 속도도 빠르게 전개되고 있다. 기업들이 비슷한 수준의 품질과 가격으로 경쟁하는 상황에서 이제 디자인이 소비자들의 선택에 가장 큰 영향을 주는 요소가 되었다.

한마디로 디자인 시대이다. 다양한 분야에서 부가가치 높은 상품을 디자인하지 못하면 글로벌 경제전쟁에서 살아남을 수 없게 되었다. 여기에서 상품 디자인은 기업의 제품뿐만이 아니라 국가의 브랜드, 도시의 경쟁력, 개인의 이미지 등을 포함한다.

글로벌 경제전쟁에서 살아남기 위해서는 경쟁력 있는 상품을 만들고, 부의 확대를 가져오는 산업이 무엇인지 찾아내고, 그에 따른 정책적 지원과 함께 투자가 이루어지고 홍보를 강화해야 한다. 어느 날 갑자기 브랜드가 상승되고 도시의 경쟁력이 만들어지는 것은 아니다.

선진국에서는 일찍이 디자인을 창조적 산업으로 규정하고 투자를 아끼지 않았다. 특히 영국은 창조적 산업으로 디자인을 육성하여 총 부가가치 생산의 10%, 수출 9%를 차지하는 고성장산업으로 성장시켰다. EU는 디자인·브랜드·기술과 환경을 접목한 산업을 적극 육성하고 있다. 이웃 일본의 기업들은 디자인 중심의 조직 재편으로 불황 탈출과 시장점유율 향상을 시도하고 있다. 일반적으로 디자인은 자원 투입 대비 그 효과가 기술개발의 4배에 달하는 것으로 추정된다. 현재 우리나라 디자인 투자는 전체 국가기술개발 투자의 400분의 1에 지나지 않는 매우 미흡한 수준이다.

경쟁력 있는 상품을 개발하기 위해서는 디자인에 대한 인식 전환과 더불어 기업의 경영뿐 아니라 정치·경제·행정 분야 등 유·무형의 디자인 인프라가 이루어져야 한다. 국가 또는 자치단체가 정책적 차원에서 디자인을 창조적 산업이 될 수 있도록 제도적 뒷받침에 힘써야 한다. 이벤트성보다는 지원 시스템을 구축하고, 제도를 정비하며, 법을 개정해 디자인 문화가 일상 생활속에 자연스럽게 스며들도록 해야 한다. 디자인은 부를 가져오는 금맥이다.

유니버설 디자인이 대세다

　　빅터 파파넥은 인간을 위한 디자인 저서에서 "인간이 행하는 거의 모든 행위는 디자인이다. 왜냐하면 디자인이란 모든 인간 활동의 근본이기 때문이다. 우리가 원하고 예측할 수 있는 목표를 향해 계획하고 정리하는 모든 행위는 곧 디자인 프로세스를 의미한다. 디자인을 디자인 자체로서만 존재하게 하려는 모든 시도는 삶의 가장 근원적인 모체(母體)로서의 디자인의 고유한 가치에 역행하는 일이다"라고 전한다.

　　인간의 수명은 날로 늘어나고 있다. 대부분의 사람들이 65세 이상을 살면서 평균 수명도 76세까지 연장되었다. 주된 요인은 질병을 불러일으키는 바이러스를 제거하는 많은 백신을 발견했으며, 좀 더 나은 의료 혜택과 건강한 식생활에 기인한다고 할 수 있다.

　　이 같은 의료의 발달과 식생활 변화에도 불구하고 산업화, 도시화로 교통사고, 환경오염 피해 등 복잡한 사회 구조 속에서 후천성 장애인들이 점점 늘어가는 추세다. 우리가 인식하는 것보다 더 많은 노인인구가 늘어나 노령시대를 예고하고 있다. 의료 기술의 발전은 후천적 장애 급증과 노령 시대 흐름은 계속될 것이다.

향후 노인과 장애인들에 대한 권리가 확대되어, 정책적 배려와 예산도 더 투입되어야 할 것이다. 우리의 주변 환경은 원천적으로 노약자와 장애인들에 대해 특별한 고려 없이 도시계획이 이루어지고 기반 시설물들을 설치되어 있다.

건물이나 도로, 기반시설물들이 노약자나 장애인들이 사회 활동을 자연스럽게 참여하는 것을 가로막는 경우가 많다. 근본적으로 이동에 불편을 주어 교육, 문화 행사 참여, 대중교통 이용 등에서 심리적 부담감과 스스로 참여할 수 있는 긍정적 환경이 어렵다는 것이다. 이러한 도시 계획이나 기반 시설들은 공동체 형성에 장애물이며, 매력있는 도시를 만들어 가는 데 있어서 한낱 구호로만 들릴 뿐이다.

도시는 공동체다. 노약자·장애인뿐만 아니라 다양한 구성원이 함께 하는 곳이다. 사회 구성원 모두가 더 자유로운 활동으로 더 편리하게 살아가는 공동체 문화가 형성될 수 있도록 기반이 조성되어야 한다. 도시 계획이나 환경에 있어서 유니버설 디자인 개념이 우선되어야 한다.

유니버설 디자인은 다양한 조건과 요구 그리고 개성을 지닌 현대의 소비자들을 포용력 있게 만족시키는 디자인 패러다임으로 미래에 다가올 우리의 과제다. 산업화로 간과되고 가려졌던 인간의 모습과 삶의 가치를 재발견하고, 삶의 질을 추구하는 인간다운 삶이 이루어지는 절대적 조건이다. 유니버설 디자인은 인위적 창조물에 대한 관계를 재정립하려는 제2의 르네상스 운동이자 사고체계이면서 미래사회를 창조해 나아가는 기본이라 할 수 있다.

다양하고 복합적이며 다면적인 인간 요구들, 보다 다양한 범주의 사용자들, 그리고 시간과 상황에 따른 역동적인 변화들을 포용력 있게 수용해야 하는 것이 유니버설 디자인이 나아가야 할 방향이다.

유니버설 디자인을 도시 계획이나 공공디자인, 이미지 개선에 최우선 정책으로 접근하고, 시민들의 욕구를 최대한 수용해 함께 공유할 수 있는 청사진을 만들어 가야 한다.

도로, 건축물, 가로시설물, 주변 환경을 포함하는 광범위한 분야에서 유니버설 디자인에 대한 가이드라인 설정과 그에 따른 건축가, 환경디자이너, 엔지니어 등 각 분야의 전문가 그룹이 공동 작업을 통하여 이루어져야 할 필요성이 있다.

인간 중심의 삶의 가치를 생각할 때 유니버설 디자인은 한 분야에서 스쳐 가는 흐름이 아니라 우리 사회 모든 분야에 영향을 미칠 수 있는 거대한 흐름이다. 공통적 관심을 가지고 모든 영역이 유기적으로 협력함으로써 우리 사회가 한 단계 업그레이드 될 수 있도록 적극 활용해야 한다.

유니버설 디자인은 거대한 사회 변화와 통합을 이끌어 내는 데 큰 물결이다. 복지사회를 지향하는 한국의 미래를 위해 보다 적극적인 인프라가 구축되어야 한다. 유니버설 디자인은 사회 간접 자본으로서 복지적 차원에서 접근해야 한다.

이벤트성보다 시스템이 중요하다

　　성영신 고려대 심리학과 교수는 "물질적 필요와 생존 문제가 해결
되고 나면 자연스레 아름다운 문화를 즐기려는 인간 심리에 비춰 볼
때, 멋진 제품과 아름다운 도시를 개발하기 위한 디자인 역량 강화
에 기업과 국가가 많은 투자를 한다는 것은 바람직한 일이 아닐 수
없다. 하지만 아쉬운 점이 하나 있다. 디자인을 근사하게 잘하는 것
만큼이나 중요한 것은 디자인된 결과물이 불러일으키는 파급효과에
대한 과학적 분석일 것이다"라고 전한다.

　　각 지자체들이 행정서비스에 디자인 개념을 도입하고 있다. 도시
시설물의 비효율적 요소와 외관도 도시환경에 어울리지 않는 시설
물 교체작업에 많은 예산을 투입하고 있다. 공공기관 및 유관단체
들은 간선도로변 및 육교 등에 불법적으로 설치된 각종 현수막, 지
주간판 등 무분별한 광고물이 도시미관을 저해하고 있다는 인식

파주시 지주간판

아래 대대적인 정비를 시행하는 등 도시미관 개선에 많은 관심을 가지고 있다.

2009년 경기도 파주시가 홍익대와 도시미관 사업을 공동으로 추진하는 디자인 상호 협력을 체결한 뒤 디자인 도시 건설 체계를 갖추어 가고 있다. 과천시도 도시디자인위원회를 설치하여 디자인적 측면에서 도시를 한 단계 향상시키기 위한 노력을 지속하고 있다.

이와 같이 공공시설의 질적 향상을 위해 일부 지자체에서 디자인 행정을 도입하여 아름다운 도시와 함께 도시의 정체성을 확립하고 시민 삶의 질을 향상시켜 가는 것은 매우 바람직한 현상이다.

기존의 도시 시설물들은 단편적인 기능 중심의 서비스만 제공하였다. 조형미와 편리성, 전체적인 형태나 색상이 통합되지 않고 주변 환경과도 잘 어울리지 않고 기능과 효율만 중요시하였다. 미래 도시 시설물은 아름다움과 편의성 그리고 안정성 중심이면서 이를 바탕으로 도시의 정체성을 찾고, 시설물을 통하여 시민들이 자부심을 느낄 수 있도록 해야 한다. 정부나 지자체는 국민들의 삶의 질 향상을 위해 편리한 생활환경 개선과 쾌적한 도시환경을 조성해 나갈 책임이 있다.

지자체는 도시의 상징성, 정체성 그리고 이미지 역할과 더불어 시민의 문화·복지 차원에서 디자인의 정책적 접근과 법적·제도적 장치가 뒷받침되는 종합 디자인 시스템 구축이 필요하다. 즉 문화와 복지 차원에서 도시디자인 전반에 걸친 업무를 총괄하는 디자인 지원 시스템이 확립되어야 한다.

그동안에는 도시환경 수준 향상을 위해 자문위원회나 디자인 심의위원회가 운영되어 왔다. 이들 위원회는 법적 권한이 약하여 소극적으로 운영될 수밖에 없었으므로 시대적 욕구에 따라 조직과 기능을 확대 개편할 필요성이 있다. 그리고 지자체 행정 서비스 구성원들의 디자인 인식 부족과 디자인 정책의 부재 속에서 형식상의 위원회 운영은 제 역할을 다할 수 없다. 각 위원회의 운영 주체도 도시 시설물 구성요소별로 부서가 제각기 달라 운영이 효율적이지 못하였다. 그러는 사이에 도심 시설물은 주변 환경과의 부조화와 무질서와 혼돈 속에서 많은 갈등을 겪고 그나마 관리 소홀로 그 기능이 떨어지는 경우가 허다하다.

각 지자체는 도시 시설물을 문화의 간접자본으로 인식하고 문화·복지적 차원에서 정책적 지원이 필요하다. 디자인 관리를 체계적으로 하기 위한 종합 디자인 시스템인 가칭 '도시환경디자인위원회' 설치와 함께 법적 권한을 강화할 필요가 있다.

'도시환경디자인위원회'는 시민들의 문화와 복지를 바탕으로 도시의 각 기능을 강화하기 위하여 도시 전체적인 관점에서 체계적으로 디자인 업무를 수행해 나갈 수 있어야 한다. 한편 업무 추진에 있어 유관부서 통합과 더불어 긴밀한 협조체계를 구축할 수 있어야 한다. 그리고 공공시설물 위주의 디자인 심의나 자문에서 탈피하고, 도시건축물의 미관 향상 및 공공성 확보 등 도시가 한 단계 성숙할 수 있도록 시스템으로 정착되어야 한다.

나아가 '도시환경디자인위원회'에서는 도시디자인 기본계획 시행과 도시공공디자인 국제협력 및 교류 사업, 도시·공공디자인 데이터베이스 구축 및 도시 표준디자인 개발, 야간경관조명 개선사업과 공공디자인위원회 및 포럼 운영, 공공디자인 진흥을 위한 각종 사업의 연구·개발 지원과 법령 개정, 각 기관과 구성원의 디자인 마인드 고취, 디자인 결정과정에서 이용자나 시민과의 소통, 디자인 정책 개발 등 도시 브랜드 만들기를 위한 디자인 전반에 걸친 업무를 총괄해야 한다.

종합적인 디자인 시스템 구축을 통해 도시를 한 단계 향상시키기 위해서는 지속적 관심과 투자가 이루어져야 한다. 아직 기반이 취약한 지자체 공공디자인 분야의 토대를 제공하기 위한 학술적 연구와 함께 법적·제도적 지원방안도 함께 강구될 필요가 있다.

07

재발견하는 시간이 필요하다

한국문화역사지리학회에서 출간한 「지명의 지리학」에서 '지명'은 땅을 개척하면서 생활공간에 남기는 문화경관으로 거주 집단의 의지도 반영되어 있다. 또한 지역경관의 변화 내용을 담고 있는 기호화된 텍스트이기 때문에 지리학뿐만 아니라 국어학, 역사학에서도 중요한 연구대상이다. '지명'은 통일된 언어로 존재하면서 의사소통의 수단으로 사용되고 유기체와 같은 생명력을 지닌다.

도시를 새롭게 디자인한다고 전국이 야단법석이다. 정부는 4대강 정비사업, 국회나 자치단체는 행정구역 개편을 논의하고, 시·군에서는 도시디자인을 연일 추진하고 있다. 그러나 4대강 정비사업, 행정구역 개편이나 도시디자인에 대한 국민여론 수렴 과정은 없어 보인다. 우리 옛 지명의 역사성, 문화유산, 민속놀이 등의 재발견에 관한 이야기도 찾아보기 힘들다. 그저 눈에 보이는 대로 인근 시·군이 합치고, 녹지 공간 조성, 간판 변경과 가로시설물 교체, 조명 설치에만 혈안이 되어 있다. 도시디자인에 있어서는 일제에 의해 붙여진 지명이 거리 곳곳에 존재하는 가운데 환경이 변화하거나 새로운 문화가 유입되면서 과거 지명의 역사성 혹은 새로운 형태의 지명에 대한 가치 등의 논의가 필요하다. 아울러 우리 지역 사회의 생활모습과 전통 문화나 역사를 재발견하는 공간으로 자리 잡아 가야 한다.

일제는 1914년 우리의 행정구역과 지명을 개편한 바 있다. 그 첫 번째 원칙이 전통적인 지역사회의 분열을 위해 자연촌락을 나누거나 합쳐 새로운 이름의 행정구역을 만드는 것이었다. 원래 이웃 마을이던 지역을 한 행정구역에 속하게 함으로써 이웃 마을 간의 갈등과 불화를 조장코자 한 것이 행정구역 개편의 근본 취지라는 사실을 아는 사람은 많지 않다.

일제 마지막 총독인 아베 노부유키의 말을 빌리면 "우리는 패배했지만 조선은 승리한 것이 아니다. 조선인이 제정신을 차려 찬란하고 위대했던 옛 조선의 영광을 되찾으려면 100년이라는 세월이 훨씬 더 걸릴 것이다. 일본은 조선에 총과 대포보다 무서운 식민교육을 심어 놓았다"고 했다.

해방된 지 66년이란 세월이 지났지만 아직 우리의 행정구역과 거리는 해방되지 않았다. 민족을 분열시키고 우리 혼을 말살시키기 위해 일제가 개편한 행정구역과 지명·거리명이 아직도 그대로 남아 있는 곳이 많기 때문이다.

행정구역 개편이 급물살을 타고, 도시디자인 강풍이 불고 있다. 국가경쟁력 강화와 행정의 선진화 및 주민복리 향상을 위해 행정구역 개편작업은 반드시 필요하다. 시민의 삶의 질 향상을 위한 도시디자인도 필요하다. 정치권의 행정구역 개편 급물살에 도시디자인으로 우리의 삶의 모습을 뒤돌아보고 문화나 역사를 재발견하는 시간을 가져 보았으면 한다.

도시디자인에는 첫째 우리 자연촌락의 고유 이름과 유래에 대한 선행조사가 있었으면, 둘째 고유지명과 유래, 지명의 변화, 민속 등에 대한 조사가 선행되었으면, 셋째 이웃 마을 간 소통과 화합의 장이 있었으면, 넷째 찬란한 민족의 영광과 민족의 혼이 다시 살아날 수 있는 디자인이 있었으면 한다.

행정구역 개편과 도시디자인의 필요성에 대한 국민적 공감대가 형성되고 있다. 그 방법에 있어서는 속도를 약간 늦추고 시민과 함께 소통하며 우리의 전통과 문화가 그 가치를 더해 갈 수 있도록 지혜를 모아 가며 서서히 변화해 가길 희망해 본다.

하루가 다르게 도시는 변모하고 있다. 지금이 아니면 그나마 남아 있는 마을, 전통, 유래, 민속들도 어설픈 디자인 강풍에 날아가고, 행정 효율성이라는 행정구역 개편 급물살에 떠내려갈 처지에 놓여 있다. 때를 놓치면 또다시 100년이 지나도 우리의 찬란한 문화유산과 전통은 찾기 어려울 것이다.

디자인이 돈 되는 시대다

이건희 삼성그룹 회장은 "최고 경영진부터 현장사원까지 디자인의 의미와 중요성을 새롭게 인식해 세계 일류에 진입한 삼성제품을 품격 높은 명품으로 만들라. 명실 공히 월드 프리미엄 제품을 만들기 위해서는 디자인, 브랜드와 같은 소프트경쟁력을 강화해 기능과 기술은 물론 감성의 벽을 모두 넘어야 한다"고 강조한다.

금세기 최고의 히트상품 가운데 하나가 MP3 플레이어다. 미국 애플사 회장 스티브 잡스는 영국 출신 조너선 아이브를 부사장으로 영입하고 '퍼스트 디자인'을 추진했다. 그 결과 MP3 플레이어 시장의 약 70%를 장악하며 애플사를 단숨에 세계에서 유명한 기업으로 부활시켰고 회사 경영위기도 탈출했다. 애플은 판매나 리테일 스토어를 개점하는 데도 마치 제품 디자인을 설계하듯 디자인 프로세스를 적용하고 있다.

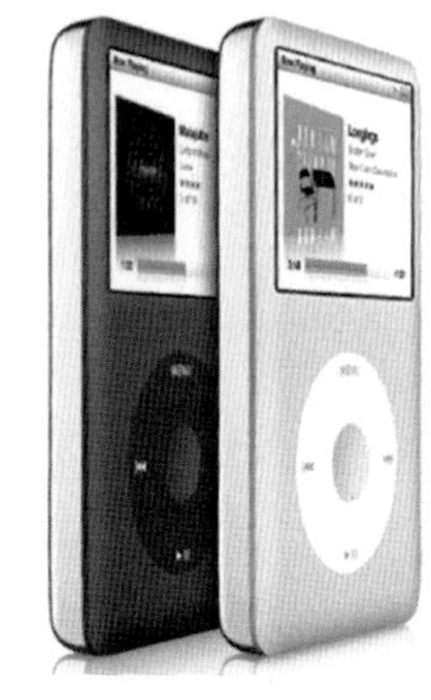

애플 아이팟 클래식 160G

2005년 4월 삼성그룹의 이건희 회장은 이탈리아 밀라노 경영진회의에서 '삼성 브랜드 디자인 강화'를 선포했다. "최고 경영진부터 현장 사원에 이르기까지 디자인의 의미와 중요성을 새롭게 인식해 세계 인류로 진입한 삼성 제품을 품격 높은 명품으로 만들자"고 강조했다. 이러한 선포식 이전에 삼성은 디자인의 문제점을 지적받은 바 있다. 1998년까지는 삼성에 대한 브랜드 측정치가 없었다. 그 후 디자인의 가치를 중요하게 인식하고 브랜드 가치를 높이는 데 전력을 다했다. 2010년에는 「비즈니스 위크」지가 삼성의 브랜드 가치를 무려 127억 달러로 발표했다. 세계 브랜드 가치 19위를 차지한 것이다. '디자인 경영'을 강조한 성과로 디자인 위력을 보여준 대표적 사례다.

1976년 3월 4일 영국은 IMF를 맞았다. 정치적·경제적으로 국가 위기 상황에서 마가렛 대처 수상이 취임했다. 대처 수상은 첫 각료회의에서 'Design or Resign'(디자인을 하든지 아니면 사임하라)을 주장한다. 디자인은 곧 혁신으로 통하고 디자인이야말로 경제적 번영을 구가할 유일한 수단이요, 방책임을 간파하고 디자인 정책을 추진하였다. IMF를 극복하고 영국병을 치유하는 등 국가 위기 때

강력한 리더십을 발휘해 오늘날 우리들에게 철의 여인으로 불리고 있다.

토니 블레어 전 총리는 영국을 '세계 제일의 디자인 워크숍'이라고 자랑하였다. 디자인이 국가 경제에 미치는 역할은 지대하므로 이를 활용한 경제부흥이 '제2의 산업혁명'이라는 신념을 갖고 미래 창조 산업으로 개척해 왔다. 특히 2012년 런던올림픽에 강한 애착을 가졌다. 올림픽을 통해 세계적 문화관광 중심 국가로서 '예술의 나라', '창조의 나라'를 각인시켜 세계인 모두가 가보고 싶은 나라로 만들겠다는 것이다. 또한 세계 공용어인 영어를 바탕으로 '교육의 나라', 민주주의 발상지이자 국제 자본금융의 중심지로서 '세계 정치와 경제를 이끌어 가는 나라'로 국가 이미지 구조 변경을 통해 국가 브랜드를 새롭게 창출하고 있다.

글로벌 시대를 맞아 기업의 경쟁력 강화나 국가의 브랜드 가치 상승 등 미래의 가치창출에 디자인이 밀접한 관계를 가지고 있다. 상업적 측면에서 디자인의 가치 중심이 기업의 이윤추구 수단에서 문화적 개념으로 대중들에게 확대되면서 공공의 이익을 추구하는 공동선의 관점으로 이동하고 있다. 20세기 디자인은 물질적 요소의 수단이나 도구적 접근 등 한정된 영역의 서포터 역할에 머물렀다. 다국적 기업과 선진국들은 디자인의 가치를 인식하고 삶의 가치 중심부로 이동해 놓고 그 영역을 확대하고 있다. 20세기 디자인은 생

산자 중심에서 용도나 기능 그리고 상품적 가치에 치중해 제품, 시
각, 환경, 패션 디자인에 국한되었다. 21세기 디자인은 사용자 중심
디자인으로 비가시적인 서비스 디자인, 공공디자인, 개인 및 국가의
정체성 디자인 등으로 옮겨 가고 있다. 디자인이 생활 문화로 자
리 잡으며 서포터 개념에서 '삶의 질 향상' 중심부 위치로 이동하
고 있다.

미래사회는 창조사회다. 디자인이 이러한 창조사회의 핵심요소가
될 것이다. 지금은 굴뚝에서 연기 나는 산업시대가 아니다. 창조력
을 바탕으로 한 아이디어 산업이나 지역의 고유한 문화산업이 경쟁
력과 돈이 되는 시대다. 디자인을 '창조적 문화산업'으로 전환하는
것이 필요하다.

삼성전자 GALUXY S II / 삼성전자 홈페이지

시민 없이 도시 없다

경기도 안양시 안양2동 주택가 곡몰길. 길모퉁이 전봇대에 붙어 있는 반사경에 '양심을 버리지 맙시다'란 글이 쓰여 있다. 쓰레기봉투가 쌓여 악취가 진동하던 곳이다. 그러나 지금은 예전의 모습을 찾을 수 없다. 주민 김성만(60) 씨는 "몇 달 전부터 주민들이 쓰레기를 함께 치우고 가끔 동네 아줌마들이 합창공연이나 전시회를 한다"고 말했다. 불만이 끊이지 않던 이곳에 변화의 바람이 불기 시작한 것은 2010년 7월 '청소프로젝트'를 시작하면서부터이다. 안양시가 주최하고 안양공공예술재단이 주관하는 안양공공예술프로젝트(APAP 2010)다.

주부와 노인 등 시간 여유가 있는 주민 20여 명은 소모임을 만들어 쓰레기 버리는 시간을 정했다. '무단투기 금지, CCTV 녹화 중'이란 경고문을 치웠다. 아이들이 그린 가로수 울창한 동네 모습과 포스터를 전봇대와 벽에 붙였다. 때론 마을 잔치를 열고 8명의 주부가 '불편합창단'을 꾸려 공연에 나섰다. '음식물 쓰레기통 나눠 줬는데 자꾸만 없어지는 게 이해가 안 가…… 쓰레기 있는 곳 잘 치우면 문화공원 쉼터로 활용할 수 있을 텐데.'와 같은 불만과 제안이 기사가

됐다. 행사가 있는 날에는 주민들도 나와 함께 즐기며 대청소를 했
다. 소통이 시작되면서 공동체 의식이 싹트기 시작했다.

윤현옥 작가는 "청소프로젝트는 행위예술가나 설치미술가들이
쓰레기 방치구역에 계몽적인 예술작품을 설치하는 것과 차원이 다른
공공체예술"이라고 설명했다. 주민들이 직접 공공 커뮤니티를 구성
하고 고질적인 문제를 예술활동으로 풀어내는 것이 공공예술이라는
것이다.

정부나 지자체는 현재 공공이미지, 공공장소, 공공시설물 등 공
공 영역의 디자인을 통한 국민 삶의 질 향상을 위해 많은 예산이 소
요되는 사업을 펼친다. 공모전이나 공공디자인 엑스포 등을 개최하

안양지역 주민들의 참여로 이루어지는 공동체 간의 협업 전시 공간

여 국민적 관심과 참여를 유도하고 있다. 공공 영역의 디자인 수준 향상은 '개인 삶의 질적 성장'뿐만 아니라 쾌적하고 편의한 도시 조성, 그리고 국가 경쟁력 향상과도 밀접한 관계를 맺고 있다.

과거 집도 없고 먹고사는 문제가 시급한 시절의 도시 개발은, 폭발적으로 증가하는 주택 수요를 맞추기 위해 대량공급에 우선하는 도시가 형성되었다. 이 시대에는 디자인이고 환경이고 따질 틈이 없었다. 따라서 급속한 산업화 과정에서 기업 중심의 상업분야 디자인은 빠른 속도로 발전해 온 반면, 공공 영역 디자인은 상대적으로 낙후되었다. 공공 영역에서 디자인 수준을 향상시키려는 노력은 필수적이다.

우리나라도 소득 3만 달러 시대에 걸맞은 삶의 공간을 창조할 필요가 있다. 질적인 변화를 요구하는 시대가 된 만큼 개발 방향을 시민 맞춤형 도시로 디자인해야 한다. 과거 기능 중심의 도시에서 친환경적이며 지역의 고유문화를 바탕으로 한 인간 중심의 도시환경을 만들어야 한다. 공공디자인은 산업경쟁력을 강화하는 산업·생산 자본, 기술·인적 자본뿐만 아니라 사회·문화적 자본을 적극 활용한다는 의미로 볼 수 있다. 공공디자인을 통해 산업과 문화가 어우러지고 국민들의 행복지수가 올라갈 수 있게 '상호 발전망'을 구축해 나아갈 수 있어야 한다.

공공디자인은 국가적으로는 사회·경제적 비용 절감 효과와 에너지 소비, 대기오염 저감 등의 환경적 효과, 그리고 사회 통합에 긍정적 영향을 준다. 공공부문의 디자인은 산업 중심의 민간부문보다 국가 브랜드의 업그레이드 효과가 훨씬 크다. 이것은 코리아 프리미엄(korea premium)을 가져올 수 있다. 그러나 일차적으로 시민들 삶의 공간을 디자인하는 것으로 쾌적하고 편리한 주거환경을 만들어 시민들이 만족감을 가질 수 있어야 한다. 나아가 시민의식 개선과 활력 있는 도시생활로 자긍심을 가지도록 해야 한다. 낙후된 거리는 특화거리 조성을 통한 지역 특성화와 중심지역의 랜드마크 기능을 수행할 수도 있다. 장기적으로는 침체된 중소도시의 상권 회복과 관광객 유입 증대효과 등을 가져올 수 있다.

공공디자인의 성공 요소는 시민 참여다. 공공기관의 청사진과 전문가 의견에 따라 일사불란하게 밀어붙일 수 있다. 그러나 한정된 그룹의 아이디어 속에서 주민 참여 없이 지역의 정체성 및 차별화는 기대하기 어렵다. 시민의 다양한 아이디어와 지역의 환경·문화적 특성에 따라 도시계획을 수립하고 개선해 나아갈 필요가 있다. 자칫하면 '공공디자인=붕어빵'이라는 등식이 성립될 수 있다. 일방적이고 한정된 인원과 기관에서의 공공디자인은 또 하나의 획일화된 붕어빵 도시를 만들 수밖에 없다.

대도시의 경우 빠른 도시화에 따른 인구 급증과 난개발, 혼재된 공공시설물에 대한 디자인이 필요하다. 중소도시는 인구 감소, 폐교, 이농으로 인한 농촌공동화, 노령화 등 도시 재생이 시급한 당면 과제이다. 모두 도시의 경쟁력을 강화해야 한다. 한 단계 업그레이드하기 위해서는 보다 높은 창의력이 요구된다. 그만큼 시민들의 참여가 필수적이다. 시민들이 스스로 참여하고 차별화된 지역 발전의 키워드를 도출하여 통일된 이미지를 만들어 가야 한다. 이것이 각 지역을 명소로 만들 수 있으며, 관광객 유입 증대와 상권 회복 등 도시의 활성화와 정체성을 가져올 수 있다.

일본 가나가와 현의 마나즈루는 인구 8,900명의 조그마한 어촌이다. 인구의 30%가 노인인 작은 마을이 일본 최고의 디자인 실험 도시로 주목받고 있다. 오키 다케시 시장은 "주민이 함께 참여하는 '풀뿌리 디자인', '드러나지 않는 디자인'으로 주민들의 참여를 이끌어 냈다"고 말한다. 주민들은 마당을 꾸미거나 지붕을 고칠 때도 167쪽의 노랑 '디자인 코드집' 내용을 따라 한다. 주민과 지자체, 전문가가 3년 동안 머리를 맞댄 조례로 1994년 1월부터 시행하고 있다.

공공디자인은 시민의 참여 속에 이루어져야 한다. 창조적이고 생산적인 도시를 만들기 위해서는 시민을 아이디어의 창조자로 보아야 한다. 상상력과 창조력을 발휘하도록 공공기관이 문호를 개방하고 누구나 참여할 수 있는 시스템을 만들어야 한다. 이벤트가 되어서는 안 된다. 법과 제도뿐만 아니라 인프라 구축, 변화 관리 시스템, 운영 노하우 등 내재적 가치가 포함돼야 한다. 나아가 창조적 도시를 조성하기 위해서는 지역의 대학 및 연구센터와 공공기관의 접목, 공공 조직문화 내에서 독특한 인재 활용, 다양한 분야에서 인재의 발굴과 지원 그리고 인센티브와 규제, 소프트 및 하드 인프라 간의 적절한 활용 등도 고려돼야 한다.

공공디자인은 공공기관의 전유물이 아니다. 인간과 사회, 인간과 자연, 자연과 사회가 만나는 모든 접점에서 의사 전달을 위해 사회 구성원 모두가 공유하는 디자인이다. 공공디자인은 자연과 함께 대중을 대상으로 한다. 국가와 지자체, 시민이 참여하여 총체적으로 협력하고 동시에 수행하며 이용하는 문화가 중요하다. 그리고 문화예술과 자원을 결합한 산업 육성과 이를 뒷받침하는 문화적·친환경적 여건 조성을 바탕으로 창의성을 발현할 수 있는 도시가 되어야 한다. 시민과 소통하는 공공디자인, 자연과 인간의 조화, 개발과 보존의 조화, 균형과 성장의 조화 속에 맞춤형 공공디자인이 되어야 한다. 시민이 참여하는 새로운 유형의 공공디자인은 품격 있는 도시환경 창조와 더불어 창의적인 디자인 강국이 가능할 것이다. 한국형 공공디자인이 필요하다.

10

컨트롤 타워는 있는가?

국가 디자인 정책의 컨트롤타워인 '국가디자인위원회'가 필요하다. 민간위원을 선정함에 있어서 디자인 분야 경험과 전문성이 풍부한 인사들을 등용하는 것이 중요하다. 이에 못지않게 중요한 것은 실질적으로 일할 수 있는 사무기구의 구성이다. 부처 이기주의를 떠나 디자인 정책을 제대로 다룰 줄 아는 전문성과 경험을 가진 적임자를 전진 배치시켜야 한다. 과거 '경제개발 5개년 계획'을 통해 우리 경제가 도약했듯이 '디자인종합 기본계획'으로 우리 사회의 체질을 변화시키고 삶의 질적 수준을 높이는 추진력이 돼야 한다.

정부는 '저탄소녹색성장'과 4대강 살리기, 지속 가능한 국토 디자인, 창의적 디자인 강국 구현 정책을 추진하고 있다. 국토디자인을 통한 선진국 진입이라는 목표 아래 미래의 발전 방향을 가늠해 볼 필요가 있다.

지금의 공공디자인 정책은 중앙정부의 정치적 입장에 따라 흔들

릴 위험이 있고, 지방자치의 본질인 자율과 창의, 책임이 약화될 수 있다. 공공디자인 정책에 중앙정부나 지방정부 그리고 디자인 전문가와 함께 능동적으로 참여할 수 있는 제도적 뒷받침이 약하다는 점 때문이다. 공공디자인 정책은 일시적 이벤트성보다는 제도적으로 정착될 수 있는 시스템이 중요하며, 정책 입안 과정에서 시민의 목소리와 디자인 전문가들이 참여할 수 있는 길이 있어야 한다.

우리나라 디자인 정책의 최고 의사결정기관은 오래 전부터 산업 발전 측면에서는 지식경제부 '디자인브랜드과'에서 하고, 정책집행은 '한국디자인진흥원'에서 맡고 있다. 공공디자인 정책의 경우 초기에는 문화관광체육부에서 이루어졌고, 중앙정부 내 대표적 정책결정 기관이 없고, 제도적 뒷받침과 정책의 컨트롤 타워 역할을 할 수 있는 기관도 없다. 한편 디자인 정책의 결정이나 집행과정에서 학계와 디자인 기업 및 단체의 의사소통 채널이 약하고, 정책 입안자들은 디자인 비전문가에 의해 운영되고 있다. 전문가들과 의사소통의 단절 및 비전문가들이 운영하면 정책의 과감성이 없어지고 상황 변화에 시의적절하게 대응하지 못하는 단점이 있다. 공공디자인 현장에서는 정책의 혼선과 비효율성이 발생하고 있어 많은 디자이너들이 안타까워하고 있다.

미래 우리나라를 한 단계 업그레이드하기 위해서 디자인산업의 발전과 공공디자인이 필수적임을 인식한 정부는 나름대로 노력을 하고 있다. 참여정부 들어서는 디자인산업을 육성하기 위해 2003년 '참여정부 디자인산업 발전전략'을 수립하였다. 주요 내용은 디자인 전문 인력 양성, 디자인전문회사 육성, 스타 디자이너 발굴 육성, 디자인 기술개발 및 기반 구축으로 하고 있다. 2008년 세계 7위 디자인 선진국 진입을 목표로 한 디자인분야의 종합대책이다.

이명박 정부 들어서는 창의국토 실현으로 국민소득 4만 달러 진입을 앞당기기 위해 중점 국정 과제로 '지속 가능한 국토 디자인 정착'을 선정했다. 이 프로젝트는 공간 환경 전반에 걸친 일관되고 고유한 국가 이미지 구축을 목표로 새로운 공간 가치를 창출한다는 계획이다.

디자인 정책은 선의의 '의도'도 중요하지만 좋은 '결과'가 나와야 한다. 특히 공공디자인 정책에서는 선진국을 따라가는 추격형 정책보다 우리의 역사와 문화가 가미된 정책개발 체제로 전환할 필요가 있다. 공공디자인 요체를 알고 우리 실정에 맞는 공공디자인 정책을 입안·집행할 수 있는 전문가의 혜안이 절실한 시점이다. 하지만 현재의 정부조직이나 정책 입안·집행 체제는 이러한 수요를 충족시키는 데는 한계가 있다.

행정체계나 서비스 문제점을 개선하고 '녹색성장', '지속 가능한 국토 디자인 정착'을 위해서는 공공디자인의 중요성이 확산되어야 한다. 중앙정부의 정책결정기관이나 집행기관, 지방정부 및 디자인 관련 단체를 정책 동반자로 인식하는 데서 출발해야 한다. 또한 관련 기관은 수직적 직무 수행보다는 수평적 유대관계를 구축할 필요가 있다. 공공디자인 정책은 임시방편적 처방 정책이나 중앙정부의 일방적 하달은 안 된다. 시민의 의견을 존중하고 받아들일 수 있는 쌍방향 소통이 중요하다. '저탄소녹색성장', '지속 가능한 국토 디자인 정착'이라는 명제 아래 국가 미래의 발전을 종합적으로 보고 조정할 수 있는 디자인 정책에 '컨트롤 타워'가 필요하다. 즉 행정서비스 체계에 근본적인 변화가 있어야 한다.

중앙정부나 지방정부, 디자인전문가의 상호 협력체계가 능동적이며 지속성을 가질 수 있는 제도적 틀이 마련되었을 때, 정부가 추진하는 저탄소녹색성장도 가능하고 국민소득 4만 달러 시대를 앞당겨 선진국 진입도 이룰 수 있다.

2. 인간은 환경의
지배를 받는다

> 디자인은 '본성의 발자국'이다. 히말라야 사원에 남아 있는 수천 년 전 인류의 발자국이 디자인이라는 것이다. 디자인은 사람과 사람, 과거와 현재 사이에 인간의 본성을 전달하고 소통하는 매체이다.

—마티아스 호르크스, (독)미래학자

아주 작은 것도
소중히 여기는 프로정신

가로시설물은 도시환경을 구성하는 요소로서 시민들에게 안전하고 쾌적한 주거환경을 제공한다. 일상생활 속에서 문화 활동이나 여가를 즐길 수 있도록 하고 다양한 정보도 제공해 시민들에게 매우 친숙한 시설물이다. 가로시설물은 편리성과 더불어 지역적 특성 및 도시의 정체성을 잘 표현할 수 있다.

가로시설물이란 도시 내 보행로, 가로, 담장, 전용도로에 설치되어 있는 각종 시설물들이다. 도시 구성원들의 기본적인 욕구를 충족시키고 공간 내 활동을 용이하게 하며 정보서비스를 제공한다. 공간 분위기에 따라 흥미와 변화의 역할을 하는 인공시설물로, 도시의 요소부품(Urban Element) 또는 스트리트 퍼니처(Street Furniture)라고도 한다.

시민의 생활과 가장 가까운 곳에 설치된 가로시설물은 시민들과 접촉 빈도가 높은 만큼 생활에 편리성은 물론 도시의 이미지를 만들어 내는 장소성도 부여해야 한다. 또한 인간 척도를 기준으로 누구나 사용하기 편리하고 안전하며 보기에도 아름다워야 하고, 주변 경관과 조화를 이루어야 한다.

가로시설물은 불특정다수가 이용한다는 점과 누구나 쉽게 접할 수 있게 노출되어 있는 게 특징이다. 어른에서 어린아이, 장애인에 이르기까지 대부분의 사람이 이용한다. 그래서 이들에게 불편한 걸림돌이 되어서는 안 된다. 아주 작은 시설물이라도 이용자를 세심하게 배려하여 설치하고 관리해야 한다. 이러한 시설물들은 도시의 첫인상이자 공동체 이미지를 만들어 가는 요소다.

명품도시를 추구하는 지방정부는 아주 작은 것도 소중히 여기는 프로정신이 필요하다. 수많은 시책 중 가로시설물은 작은 요소로 볼 수 있다. 그러나 '아주 작은 것도 소중히 여기는 프로정신'으로 누구나 편리하고 안전하게 이용할 수 있는 시설물 설치나 관리로 아름다운 도시로 격(格)을 높여 가야 한다.

현재 우리 주변의 가로시설물들은 보행자의 안전성과 쾌적성, 나아가 주변 환경과 조화에는 약간 거리가 있다. 대중들이 하루에도 수십 번 이용하는 버스정류장에는 불법 광고물이 어김없이 붙여져 있고, 쓰레기가 어지럽게 널려 있다. 시민게시판이란 시설물은 시민들이 필요한 정보보다는 언제나 광고 홍보물로 넘쳐난다. 관리 또한 잘 되지 않아 보행에 장애가 될 뿐만 아니라 도시미관을 흐리게 하고 있다. 무분별하게 설치된 현수막 게시대와 불법현수막들은 도시경관을 해치고 있다.

많은 사람들에게 정보를 제공하고 편리하게 이용하며 생활하는 데 없어서는 안 될 가로시설물들을 좀 더 효율적으로 설치하고 관리하는 개선책이 필요하다. 새롭게 설치되는 가로시설물은 디자인 가이드라인을 설정해 그 지역에 알맞은 아이덴티티가 있어야 한다. 나아가 쾌적한 도시환경을 유지하기 위해 체계적인 관리도 중요하다. 시민의 편익과 도시의 격(格)을 높이기 위해서는 제도적으로 통제·조절하고 그에 따른 시민참여와 교육도 함께 이루어져 가로시설물들이 우리 생활환경에 많은 영향을 끼친다는 것을 스스로 깨닫게 해야 한다.

가로시설물은 어떻게 보면 아주 작은 구성 요소일 수 있다. 이 작은 요소가 무엇보다 시민의 편리성과 쾌적성 그리고 도시의 이미지를 만들어 가는 중요한 아이콘이다. 멀리서 도시 이미

낮게 설치되어 시민의 안전을 위협하는 가로시설물

도시 이미지를 만들어가는 요소들

지를 만들려고 하지 말고 시민들과 접촉이 가장 빈번하게 이루어지는 버스정류장, 시민게시판, 현수막 게시대 등 가로시설물 관리에서부터 도시 이미지를 만들고 격을 높여 가야 한다. 아주 작은 것도 소중히 여기는 프로정신은 또 하나의 명품다움을 만들어 가는 요소가 될 것이다.

오슬로 시의 비겔란 조각공원

연간 200만 명의 관광객이 다녀가는 오슬로의 명품 비겔란 조각공원, 걸출한 한 사람의 조각가에 의해 화강암 등으로 제작된 212점의 조각품이 전시되어 있다. 이 모든 조각품들은 구스타브 비겔란이 직접 계획하고 제작한 실물 모형에 따라 조각된 것들이다.

노르웨이 오슬로 시 '비겔란 조각공원'에는 구스타브 비겔란(1869~1946)이 40여 년간 심혈을 기울여 만든 212점의 화강암 작품과 수많은 청동작품들이 32만㎡의 넓은 공원에 설치되어 있다. 그의 작품세계는 인간의 탄생과 죽음, 그리고 삶의 온갖 희로애락을 다양하고 세밀하게 표현해 냈다. 정문에 들어서 푸른 잔디가 펼쳐진 아름드리 보리수나무 길을 지나면 인공호수와 다리로부터 곳곳에 수많은 어린이 동상이 전시되어 있다. 두 주먹 불끈 쥐고 두 발 동동 구르는 '성난 아이' 작품이 눈에 들어온다. 중앙의 분수에는 대리석으로 조각된 힘의 상징인 남성들이 우주를 받치고, 그 둘레의 사방 벽면에는 인간의 고뇌와 갈등, 사랑과 증오 그리고 죽음과 다시 탄생, 인간이 태어나 죽기까지의 과정이 차례대로 조각돼 있다. 3명의 석공이 14년간에 걸쳐 돌을 쪼아 완성한 비겔란의 최고 걸작품 모노리스(Monolith). 121명의 남녀가 뒤엉킨 채 조각되어 있는 이 작품은 인간의 무한한 욕망과 투쟁, 희망과 슬픔을 농축시켜 인생에서 낙오되지 않고 안간힘을 다하여 정상을 차지하려는 원초적인 감정 상태를 역동적으로 표현했다. 구스타브 비겔란의 예술 철학처럼 하나의 공간을 입체적으로 활용해 표현한 작품이다.

비겔란은 1869년 노르웨이 남부 해안지방에서 태어났다. 그는 타

노르웨이 오슬로 시 비겔란 조각공원 작품

고난 조각가였다. 너무 가난하여 정상적인 작품 활동을 할 수 없었다. 아버지도 일찍 여의었으므로 그는 교육받을 기회는커녕 가족을 부양해야 하는 운명에 처했다. 좌절과 포기, 그리고 새로운 시작이 되풀이되었다. 그에게는 하나의 소망이 있었다. '평생토록 조각만 할 수 있다면!' 오슬로 시가 그의 간절한 기도에 응답을 하였다. 모든 작품은 시의 소유로 계약을 체결하고 시의 지원을 받으며 생계 걱정에서 벗어나 평생 조각에 헌신했다. 전 생애를 조각에 바친 후 1946년 그의 작품처럼 그도 삶을 마감하였다. 노르웨이가 자랑하는 '비겔란 조각공원'은 이렇게 탄생했다.

비겔란 조각공원은 그의 유언에 따라 누구든지 무료로 드나들 수 있다. 세계인의 문화공간이 되었고, 사시사철 여행객의 발길이 끊이지 않고 있으며, 비겔란의 조각품을 감상하는 것으로 북유럽 관광의 대미를 장식한다. 노르웨이 수도 오슬로가 세계적인 문화·관광도시로 우뚝 설 수 있었던 것은 비겔란 같은 천재 조각가가 존재함은 물론, 시민과 당국의 사려 깊은 배려와 넓은 안목이 뒷받침되었기에 가능한 일이다.

"1900년대 노르웨이는 석유도 발견되지 않았고, 이렇다 할 산업도 없는 가난한 나라였다. 그런데 유럽 변방의 작은 도시였던 오슬로 시는 공장이 아니라 공원을 세우고, 그곳에 조각품을 만들어 시민들의 영혼을 살찌우는 길을 선택했다. 나는 구스타브 비겔란이란

한 조각가의 천재성을 말하려는 것이 아니다. 당시 인구 20만밖에 안 되는 작은 도시가 보여준 예술에 대한 사랑, 그리고 미래 관광대국의 단초를 마련한 넓은 안목을 말하려는 것이다"라고 장연준은 그의 산문집 「뫼비우스의 꿈」에서 표현하고 있다.

디자인, 문화와 예술이 미래를 만들어 가는 우리에게 핵심 키워드로 부상했다. 문화와 예술 그리고 디자인의 중요성이 새삼 강조되며, 정부와 지방자치단체는 재정적·정책적 뒷받침을 하고 있다. 우리들 자신과 후세들의 삶을 풍요롭게 하기 위해 무엇보다 중요한 것은 '산업'의 근시안적 접근법과 속도에서 탈피하고 '문화'의 키워드로 넓은 안목과 혜안이 뒷받침되어야 한다. 오슬로 시의 '비겔란 조각공원'에서 보듯이 예술에 대한 사랑, 그리고 미래 문화·관광대국의 단초를 마련한 넓은 안목과 혜안이 오늘날의 오슬로 시를 만든 것처럼 말이다. 디자인에서 '문화'의 코드가 사라지고 '산업'으로만 보면 안 된다. 문화는 영원하고 산업은 유한할 수밖에 없기 때문이다.

미디어를 적극 활용하자

권영걸 교수는 중앙일보 공공디자인 클리닉 칼럼에서 지긋지긋한 시각 공해 선거 이제 그만하자고 제안한다. "현수막은 운전자와 보행자의 시야를 가려 교통사고까지 유발한다. 선거기간 동안은 시각 공해, 선거가 끝나면 환경오염이 된다. 재생 불가능한 폴리머 합성수지 재질에 페인트로 실사 출력된 현수막은 선거 후 매립되거나 소각되는데, 토양을 오염시키고 다이옥신과 같은 오염물질까지 발생시켜 환경에 미치는 해악이 심각하다." "미국과 영국은 미디어 중심의 선거운동이 보편화되어 있어 거리 선거운동에 의존하기보다는 매체를 통해 자신의 공약을 설명하고 지지를 호소한다."

개강되면 공공기관이나 민간단체 및 대학캠퍼스에 수 많은 내용으로 현수막을 내 건다. 밀집한 도심 거리나 대학 캠퍼스 등지는 형형색색의 홍보나 광고성 현수막으로 넘쳐난다. 이러한 현수막 설치는 미디어 시대에도 변함이 없다. 현수막은 도시공간이나 대학 캠퍼스에 없어서는 안 될 하나의 문화로 자리 잡고 있다. 꼭 있어야만 하는가?

현수막은 한시적인 옥외 광고물이다. 짧은 시간에 보다 많은 사람들이 볼 수 있도록 복잡한 도심이나 유동인구가 많은 거리 또는 주요 사거리에 내거는 것이 특징이다. 상업 광고용 현수막은 공공 기관에서 검인 절차를 밟고 지정된 현수막 게시대에서 보통 15~20일 동안 광고를 하는 게 일반적이다. 물론 현수막 게시대를 이용하려면 일정한 사용에 대한 광고료를 지불해야 한다.

현수막 광고물 설치 기준이 있음에도 공공기관에서 지정한 게시대에 현수막을 설치하는 것을 별로 본 적이 없다. 주변을 둘러보라. '주민자치센터 문화 강좌 수강생 모집' 현수막은 주민자치센터에서 부착한 것이다. '불법현수막 부착 시 벌금 500만 원 과태료 부과'하

불법광고물 부착 시 벌금 500만 원 과태료 부과하겠다는 불법현수막

겠다는 현수막도 불법으로 걸려있다. 일반시민들이 일정한 절차와 광고료 지불 과정을 거친 뒤 지정된 게시대에 게첩하는 것과 정반대로 공공기관에서는 게시대에 게첩하지 않는 특권을 갖고 있는 듯하다.

공공기관이 지정된 게시대가 아닌 일명 '길거리 현수막'을 이용하는 사례를 살펴보자. '주민자치센터 수강생 모집', '정월대보름 척사대회', '주·정차 단속 지역' 등 내용도 각양각색이며 게첩하는 기관도 시청, 동사무소, 보건소, 관리공단, 도서관 등 다양하다.

공공기관에서 행하고 있는 길거리 현수막은 자신만으로 끝나는 것이 아니다. 도심 간선도로변 가로수에 '원생모집', '창고 대방출 세일', '이월상품 세일', '개업 광고' 등 각종 불법현수막의 부착을 유인한다. 일명 '게릴라 현수막' 등장이다. 또 언제부터인가 교육기관에서는 특정대학 합격 소식 등을 알리는 현수막이 등장하였다.

도시환경은 이렇듯 현수막 천국이다. 그런데 여기에도 강자와 약자가 존재한다. 공공기관에서 부착하는 '길거리 현수막'은 다른 주자에게 릴레이할 수 있으며, 언제 어디서나 자유로우며, 철거 부담도 없다. 그러나 일반시민들이 부착하는 '게릴라 현수막'은 언제든 제거될 수 있는 하루살이 목숨이며, 가끔씩 과태료 부과라는 협박도 받는다.

게릴라 현수막 설치와 철거 사이에 부산물로 완전히 철거되지 않은 현수막 로프들의 흔적이 겹겹이 묶여 있어 도시미관을 흐리게 한다.

도시미관을 흐리게 하는 현수막

공공기관의 현수막은 '게릴라 현수막'을 제도권으로 유인할 수 있게 하고, 도시를 아름답게 해야 할 책임이 있다. 그러나 현재는 사정이 정반대다. 공공기관의 길거리 현수막은 공공성을 포기하고 법을 어기며, 시민을 무시하는 처사라고 볼 수밖에 없다.

주민에게 시정을 홍보하고 정보를 제공하는 것도 중요하다. 하지만 지정된 장소 이외에 불법으로 설치하는 현수막은 1차적으로 통행에 불편을 일으키고, 교통사고 유발 위험 요소가 되는 것은 물론 주민 생활에 불쾌감을 준다. 2차적으로 공공기관에 대한 신뢰성을 떨어뜨린다는 것이 문제다.

서울시 성북구가 전국 최초로 "지정된 현수막 게시대 이외의 모든 현수막 게첩을 금지하며, 길거리 공공기관 현수막을 포함한 모든 현수막을 제거한다는 개선방안을 시행한다"고 밝혔다. 무질서한 길거리 현수막이 사라지고, 시야방해로 인한 교통사고 개연성도 줄일 뿐만 아니라 도시를 아름답게 하고, 지역 주민에게도 좋은 영향을 끼쳐 성북구 주민들에게는 삶의 질을 한층 업그레이드하는 계기가 될 것이다.

공공기관에서는 성북구청처럼 불법현수막 근절을 위한 근본 해결책을 찾아 나서야 한다. 또한, 기존 행정 편의주의 발상이나 특권의식에서 벗어나 지정된 현수막 게시대 사용과 더불어 미디어 매체를 기반으로 한 다양한 홍보·광고 매체 활용도 필요하다. 그리고 현수막 게시대도 제한적인 조건에서 주변환경과 조화를 이루도록 설치해 아름다운 도시환경에 하나의 요소로 자리 잡게 해야 한다. 현수막 설치부터 철거하는 과정까지 도시를 아름답게 만들어 나아가는 역할을 공공기관이 리드해야 한다.

색깔이 있어야 한다

녹색 도시를 꿈꾸는 파리 시의 야심작인 '노면전차'. 오염 없는 생태도시를 위해 친환경 대중교통 수단으로 자리 잡은 이 전차는 파리 남부 15구의 가르글리아노 다리에서 13구의 포르트 디브리까지 달린다. 노선에는 파란 잔디가 깔려 있고, 주변에는 1,000여 그루의 나무가 심겨 있어 도심을 달리면서도 자연을 만끽할 수 있다.

고층 빌딩숲 사이로 차량이 꼬리에 꼬리를 물고 있다. 오늘날 도시는 급속한 경제 발전과 함께 물질 위주의 풍요로움으로 가득 채워져 있다. 또한 도시 구성원들은 많은 정보와 물질의 혜택을 받고 있다. 그래서 모두가 행복해졌는가?

도시가 파편화되면서 우리는 더불어 생활하는 데 익숙하지 않은 문화에서 살고 있다. 외형적으로 풍족하게 채워진 도시환경에 다양성과 공동체 생활에 미성숙함이 함께하면서 가끔씩 상호 불균형의 소리도 들린다. 도시는 인간과 함께 진화하는 유기체로서 상호 통합적인 관점에서 성장해야 하는데 조화와 소통이 이루어지지 않음으로써 오늘날 복합적인 사회문제들을 양산한다. 도시는 교통 혼잡, 환경오염 못지않게 급속하게 공동체에 파편화가 형성되고 있다.

복잡하고 다양해진 도시환경에서 구성원의 사고와 정체성 및 공동체적 요소를 만들어 가는 것은 무엇인지 생각해 볼 필요가 있다. 환경은 인간의 사고와 행동을 결정짓는 중요한 요소이기 때문이다. 다양한 가로시설물과 네온사인으로 둘러싸인 도시환경은 빈틈이 없다. 우리 인간은 정보의 70% 이상을 시각에 의존하고 있다. 따라서 도시의 색깔은 도시 구성원의 삶에 있어 중요한 정보원이자 에너지원으로서 건강과 안전에 밀접한 관련이 있다. 색채는 그것이 적용되는 대상이 실재하는 공간이든 가상의 공간이든, 그리고 제품이든 복식이든, 그 색을 선택하고 사용하는 사람의 사고에 영향을 미치며 행동을 지배하는 중요한 요소가 된다.

우리는 도시의 이미지를 좌우하고 인간의 사고와 행동에 많은 영향을 주는 '색'에 대한 인식이 낮을 뿐더러 '색'이 가진 경제적인 가치상승 효과를 충분히 활용하지 못하고 있다. 획일화된 아파트 문화의 거리를 둘러보자. 옥외광고물은 직사각형 위주의 판형 간판이 주를 이루고, 서체나 색채는 제멋대로 혼재되어 무질서한 실정이다. 그리고 아파트 상가 단지의 대형 간판과 현란한 네온사인, 조명, 고

채도의 원색적 상업 광고물 또한 주변 자연 경관과 조화를 고려하지 않은 채 설치되어 있다. 이러한 시설물들은 지역이나 건물의 특성을 무시한 소재의 사용과 광고물의 홍수로 인한 색채의 범람으로 도시미관을 해치는 주요 요인이다. 주택가, 상점가, 고층빌딩가마다 지구별 특색도, 건축 외장색의 질서감도 없다. 이렇듯 난립한 광고물과 혼란한 색채가 도시의 기능과 환경은 물론 도시 구성원의 행동이나 사고에 악영향을 끼치는 것은 당연하다.

현재의 도시환경에서 인간의 사고와 행동은 어떤 양상을 보일 것인가? 교통 시설물, 조명 시설물, 휴식 및 편의 시설물, 정보 시설물, 상업 시설물, 조경 시설물, 포장 시설물, 도시 기간 시설물 등이 무분별하게 끝없이 채워지며 시설물의 많은 부분에서 색채의 오·남용으로 구성원의 스트레스를 증가시키고 있다. 그리고 목적과 기능에 적합하지 않은 색채 사용은 도시환경의 무질서와 더불어 의사소통의 혼란을 가져오고 정신 건강에 악영향을 끼쳐 우리의 마음을 서서히 황폐화시킨다. 도시의 미적 가치를 상실케 할 뿐만 아니라 경쟁력을 저하시키는 결과도 낳고 도시의 매력도 잃어버린다.

따라서 도시 구성원의 삶의 질을 향상시키기 위해 디자인에 대한 가치와 그 핵심 요소로서 '색'의 의미를 새롭게 부여할 필요가 있다. 도시환경에 있어서는 불합리하거나 불필요한 요소를 제거해 나가며, 여러 가지 '색'이 제멋대로 혼재하는 것이 아니라 질서에 의해 조화되고 조합될 수 있도록 시민과 함께 도시를 만들어야 한다. 여기에는 자연환경과 인공환경 그리고 구성원의 버전과 조화를 바탕으로 지역적인 풍토와 문화에 대한 배려가 필수적이다. 특히 우리나라는 60%가 산지로 이루어졌고 4계절을 갖추고 있어 자연에서 색채의 다채로움을 느낄 수 있다. 주변 자연색과 조화되도록 경관의 아름다움이나 지역정서와 맞춰 갈 필요가 있다.

자연과 조화된 아름다운 도시환경에서 인간의 사고와 행동은 어떻게 변할 것인가? 여유로운 삶과 배려 속에서 창의적 사고, 공동체적인 행동으로 행복한 마음이 채워질 수 있다. 이를 통해 새로운 도시 브랜드가 형성될 것이다. 각 지역 풍토의 수려한 자연 경관, 역사, 문화를 배경으로 디자인의 방향성을 정립하고, 자연과 어우러지고 지역 특색에 조화로운 색채 배색을 개발하기 위한 방법들이 모색되어야 한다. 환경은 우리의 사고와 행동에 깊이 관련되어 있다. 색채는 기능적 역할과 더불어 마음의 안정을 가져다주며 인간의 행복한 삶의 근본을 창출해 나가는 중요한 요소다.

05

혁명이 필요하다

"도시디자인이란 무엇일까? 거장의 멋진 건축물 하나로 사람들을 유혹할 수 있을까? 진정한 도시디자인은 멋진 건축물 하나로는 성립될 수 없다. 도시는 멋진 건축물 그 자체와 그것을 접하기 쉽게 디자인한 도시의 동선, 그 동선을 따라 흐름이 생기고 흐름은 문화적 가치를 낳는다."

2009년 1월 4일 SBS에서 방영한 〈도시, 자연을 꿈꾸다〉에서

우리는 광고물에 둘러싸여 생활하고 있다. 광고물은 생활에 있어서 마치 공기와 같다. 광고물 없는 거리를 상상해 보라. 생명력이 사라진 도시와 같다고 볼 수 있다. 광고는 도시에 활력을 주는 다양한 커뮤니케이션 미디어다. 광고와 우리는 'Give and take' 관계이다. 광고는 '공기'이고 도시의 '이미지'이자 우리들의 '정보원'이다.

다양한 커뮤니케이션에 의해 구성되는 도시공간에서 이상적인 광

고물은 어떤 모습일까? 혹자는 우리나라 도시는, 건축물은 없고 간판만 있는 것처럼 보인다고 한다. 우후죽순 늘어나는 옥외 광고물들은 거리를 혼란스럽게 만들어 공해처럼 느껴진다. 약이 단기간에 이성을 잃게 만드는 것과 같이 무분별한 광고물들은 장기적으로 우리의 마음을 황폐화 시킨다. 도심에 나가면 도무지 집중이 안 된다. 모든 광고물들이 너 나 할 것 없이 뽐내기 경쟁에 빠진 듯 건물에 뒤죽박죽 내걸려 있다.

특히 옥외 광고물은 도시환경과 뗄 수 없는 관계에 있다. 거리나 다른 광고물과의 조화는 아랑곳하지 않고 한 건물에 많은 광고물이 붙어 있다. 또한 사각형 광고물 안에 글자를 크게 넣을수록 광고효과 또한 크다는 통념과 다양한 점멸 패턴의 대형 네온사인을 통해 광고 욕구를 강하게 분출하고 있다.

도시에 맞는 광고 문화를 정착시켜야 한다는 근본정신은 있는가? 잘 만들어진 광고물은 작게는 상점의 얼굴이 되지만, 크게는 거리의 특성을 살리는 하나의 풍물이 될 수 있다. 또한 광고물은 거리의 인상을 결정짓기도 하고, 거리와의 첫 대면이라는 점에서 본다면 도시의 이미지와 도시민의 문화와 가장 밀접하게 접근해 있다. 각 도시마다 광고에 저마다 특성을 갖고 문화를 만들어 갈 필요가 있다.

도시경관을 파괴하지 않고 인공조형물과 자연스럽게 조화를 이루어야 한다. 시민의 생활에 불쾌한 것이어서는 안 된다. 인공적 도시경관에 자연경관 요소를 덧붙여 시민들 마음에 풍경을 가져다줄 수 있어야 한다. 광고물은 도시계획 단계부터 준비하고 도시미관을 형성하는 주요 요소로 인식해야 한다. 민·관의 협조하에 도시 규격에 맞는 광고물 제작이 이루어져야 한다. 그리고 양적 크기보다 질적 수준인 광고 자체에 중점을 두고 관심이 모아져야 한다. 모양과 그림을 아름답게 만들어 글씨는 작은데도 시각적 즐거움은 커 광고효과를 충분히 발휘할 수 있도록 섬세하게 디자인해야 한다. 하나의 아름다운 조각 예술품처럼 도시환경과 조화를 이루어 나가야 한다.

특히 공공기관에서 설치하는 시계 조형물, 시민게시판, 버스정류장의 광고물은 하나의 작품으로서 도시미관을 높여 줄 필요가 있다. 그리고 공공 영역의 광고물은 지역별 특성과 문화적 전통에 맞게 제작, 민간 광고물의 수준을 한 단계 높이고 방향성도 제시해야 한다. 공공기관의 광고물을 통한 도시의 이미지를 만들고 시민들에게는 편안함과 안정되게 생활할 수 있도록 완성된 느낌을 주도록 리드해 가야 한다.

명품도시를 만들고, 도시 브랜드를 만들어 가는 데 있어서 광고물에 대한 새로운 접근과 인식이 필요하다. 광고물은 총체적 직관력을 바탕으로 토털 디자인 매니지먼트의 역할로 보아야 한다. 광고물의 위치, 고급화, 광고물에 대한 전폭적인 연구와 더불어 제작 과정에 있어서 교육도 필요하다. 광고물에 대한 인식도 도시환경에서 차지하는 중요성이 단지 도시미관에 그치지 않고 쾌적한 생활환경 조성을 목적으로 공익성에 바탕을 두고 사회·윤리적 측면에서 접근해야 한다.

도시환경에서 공기와 같은 광고물은 자연환경과 조화를 이루고, 심상풍경에 강하고, 좋은 인상을 주고, 나아가 정보를 교류하는 멋진 커뮤니케이션의 장이 되어야 한다. 이를 통해 안정되고 완성된 도시라는 느낌을 주어야 하다. 광고물은 도시의 상징물이자 귀중한 관광자원이 될 수 있다. 새로운 문화공간을 창조하기 위한 광고물 혁명이 요구된다.

도시디자인은 시민에 대한 예의다

'좋은 도시디자인이란 무엇인가'라는 질문에 헬싱키예술디자인대 히보넨 학장은 "시민을 배려하는게 디자인이다. 패션이나 미에 국한 돼 있던 디자인 개념을 시민의 삶의 질을 높이는 방향으로 전환한 것 이 바로 '도시디자인'이다."

디자인이 대세다. 디자인이란 말을 요즘 와서 귀에 못이 박힐 정 도로 듣고 있다. 중앙정부나 지방자치단체에서도 디자인에 관심을 가지고 많은 예산 책정과 디자인 관련 사업을 수행하고 있다.

오세훈 서울시장은 2010년 서울이 디자인 수도로 선정된 것을 계 기로 '21세기 서울이 먹고살 것은 디자인'이라고 천명한 뒤 '세계디자 인 올림픽'을 매년 개최한다. 디자인을 통해 서울의 매력을 높여 국 제적인 관광 명품도시를 만들기로 했다는 보도도 있다. 이왕이면 우리가 살고 있는 대한민국 수도 서울이 매력적이고 인간적 냄새를 풍기는 도시가 되기를 기대해 본다.

우리나라가 디자인을 주목하기 시작한 것은 제1차 경제개발 5개년 계획이 실시된 직후인 1960년대 후반부터이다. 수출 위주의 산업정책이 시작되면서 정부는 그간 상대적으로 낙후된 포장산업과 디자인 개선에 적극적인 관심을 갖게 되었다. 이후 1990년대 중반에는 다양한 정부 정책으로 디자인산업이 외형적으로 크게 성장하였다. 50년의 역사를 갖고 있는 디자인사에 새롭게 공공디자인이란 이름으로 포장하여 강풍이 불고 있는 것은 상당히 고무적이다.

그동안 산업부문에 있어서 수출 확대와 제품의 판매 증대를 위해 디자인이 이해되고 활용되어 왔다. 상대적으로 시민들이 평소 생활하고 있는 공공 영역의 시설물 설치와 관리에 있어서는 디자인에 대한 이해와 마인드가 부족한 것이 현실이었다. 오늘날 난잡하고 정체성 없는 도시환경이 단적인 예라 할 수 있다.

60~70년대 압축적 경제성장을 겪으면서 그동안 먹고사는 문제에 국가 정책 목표를 두고 국토 개발에 나섰다. 이로 인해 산업화와 더불어 역사나 문화·자연환경을 무시하고 도시 집중화에 따른 개발논리만이 진행되었다. 많은 인구가 모여 살고 있는 도시에 대한 기능과 효율성을 강조하는 정책을 펼쳤고, 그에 따른 양적·물적 성장과 소비문화를 우선시하는 도시환경이 형성되었다. 먹고사는 문

제 해결이란 콘셉트로 경제 성장을 추구한 나머지 단편적 사고로 우리의 전통과 문화는 사라지게 되었다. 옛 유산은 보잘것없이 취급을 받고 한국적 정체성은 어디로 갔는지 국적불명의 거대 도시로 전락했다. 도시 집중화 현상으로 빚어진 교통문제 해결을 위해 자동차 중심의 교통정책으로 차선이 넓어지고, 보행이 불편한 육교가 설치되었다. 상대적으로 이용자 중심의 편익성은 뒷자리로 밀려나고, 그 결과 이웃과의 문화적 단절과 사회간접비용 증가를 초래했다.

미국의 건축가 루이스 설리번은 '형태는 기능을 낳는다(Form follows function)'는 유명한 말을 했다. 윈스턴 처칠은 '먼저 우리가 건물을 만들지만 나중에는 건물이 우리의 생활을 지배한다'고 주장하였다. 우리가 조성한 도시환경은 현재의 문화적 특성과 같다. 즉 획일성 위주로 건설된 현재의 도시는 삭막한 도시환경, 환경오염 속에서 생활하는 인간의 소외를 부추기고 여러 가지 사회문제를 낳고 있다.

1980년대 중반부터 경제적 여유가 생기면서 먹고사는 문제에서 삶의 질로 생활의 가치 중심이 이동하였다. 하드웨어 구조에서 사람 중심의 사고와 친환경 그리고 문화 산업 등이 대두되며 빠른 속도로 소프트웨어 구조로 이동하고 있다. 도시의 진화 속에 각 지방자치단체는 새로운 도시의 매력 포인트가 무엇인지 찾지 않으면 안 되는 시대가 왔다.

1차적으로 공공기관에서 기존 시설물들이 이용자에게 많은 불편을 주는 것으로 인식되면서 도시 생활환경을 변화시키려는 움직임이 일어나고 있다. 교통약자들을 위한 공공시설의 개선, 무질서한 간판의 규제, 시설물 철거 등의 다양한 정책들이 공공기관 차원에서 시행되고 있다.

각 지방정부들은 명품도시를 만들기 위해 많은 노력을 기울이고 있다. 도시의 이미지 개선을 통한 명품도시 건설은 경쟁력 제고뿐만 아니라 우리 문화의 재발견이며 문화산업으로 보아야 한다. 명품도시로 향하는 길목에 몇 가지 제안을 해 보고자 한다.

일반적으로 가로 시설물을 보면 자동차와 사람의 편리성을 도모하기 위해 설치된다. 버스정류장, 쓰레기통, 도시안내 표지판, 교통안내 표지판, 공공안내 표지판, 공중화장실, 공중전화 부스, 키오스크, 휴게 공간, 자전거 거치대 등이 그것이다. 이러한 시설물을 디자인하고 설치하기 이전에 일상 업무 중 7가지 요소를 설정해 활용해 볼 수 있다. 꼭 필요한 시설인가의 필요성과 사용자 모두에게 안전한가? 누구나 사용할 수 있는 사용성 또는 관리하기 쉬운 관리성, 나아가 전체적인 형태나 색상 통합이 가능한가의 통일성, 외형적으로 아름다운지, 주변 환경과 잘 어울리는지를 먼저 생각할 필요가 있다.

7가지 요소를 기준으로 우리 주변에 설치되어 있는 시설물을 평가해 볼 필요가 있다. 그리고 평가에서 낮은 점수를 받은 시설물들은 과감하게 철거하거나 개선해야 한다. 공공 영역의 디자인을 적용하는 것도 중요하지만 현재의 시설물들을 잘 관리해 나가는 행정서비스도 매우 중요하다. 도시 시설물은 누구나 불편 없이 이용할 수 있어야 하기 때문이다. 각 지자체는 시민 삶의 질 향상을 위해 생활환경을 편리하고 쾌적하게 조성할 의무가 있으며, 이는 시민을 위한 최소한의 예의라고 할 수 있다.

시민의 삶의 질 향상은 곧 도시의 경쟁력 요소가 된다. 살고 싶은 도시가 되기 때문이다. 공공기관에서는 이를 위해 공공시설물 개선으로 주민들이 보다 편안한 마음으로 생활할 수 있게 환경을 조성해야 한다. 그리고 주민들도 도시를 스스로 아름답게 가꾸어 매력 포인트를 많이 만들어 가야 한다. 공공기관과 주민들의 이러한 소통 도시의 미관 차원뿐만 아니라 사회 통합적 차원에서 접근되어야 한다.

07

소통의 리더십

성영신 고려대 심리학과 교수는 "디자인은 소통이다. 디자이너의 예술성이 작품을 만들지만 그것을 즐겨야 할 사람들이 감동하지 않는다면 무슨 가치가 있겠는가. 사람들은 왜 좋은 디자인을 원하는가. 무엇이 좋은 디자인인가. 좋은 디자인의 효과는 무엇인가······ 디자인의 예술성이 정치·경제·사회·문화적 힘을 가지려면 이 과제가 해결돼야 한다"고 전한다.

현재 공공 기관의 디자인관련 조직체계는 조형적 관점에서 바라보고 있다. 지식기반 서비스 사회에서 디자인은 보이는 조형적 영역에서 보이지 않는 무형의 영역으로 가치 중심이 이동하고 있다. 도시환경뿐만 아니라 보이지 않는 행정 서비스 부문에 있어서도 디자인이 필요하다. 즉 행정 효율성을 높이기 위한 시스템 개편이라든지, 시민의 편익을 위한 제도 개선과 조례 개정, 나아가 구성원들의 서비스 정신 등에 디자인적 사고와 방법론이 접근될 필요성이 있다는 것이다.

'명품도시'를 만드는 데 디자인은 경쟁력이 될 수 있다. 그러나 디자인에 대한 편협한 사고로 외형적 시설물 설치에 단편적으로 접근하는 것은 경쟁력이 될 수 없다. 문화산업과 생산적 복지, 국민 통합적 차원에서 디자인이 이해되고 활용되어야 한다. 디자인 사고나 방법론을 통한 문화 재발견과 더불어 명품도시를 만들기 위해서는 디자인 정책과 행정 서비스 시스템 개편이 필요하다. 나아가 문화의 재해석을 통한 새로운 아이콘으로 문화산업 요소를 창출해 나갈 수 있는 창의적 인력이 필요하다. 그래서 도시만이 가지고 있는 특징을 살려 새로운 가치를 만들어 가야 한다. 디자인 과정에서는 장기적 플랜을 갖고 주민들을 설득하는 리더십과 새로운 가치를 만들어 갈 수 있어야 한다.

우리나라 지방자치단체는 경제 성장 둔화와 함께 인구 감소, 고령화 추세에 있다. 세계 모든 도시가 공통적으로 겪고 있는 이러한 문제를 극복하고 활력 있는 도시를 만드는 프로젝트가 있어야 한다. 일본의 요코하마는 1859년 일본에서 가장 먼저 개항한 도시다. 옛 도시로만 기억되던 요코하마는 지금 일본 최고의 문화·관광 도시로 발돋움했다. 나카다 히로시(中田 宏) 시장은 2002년 취임하면서 역사적 건물들을 문화·창작 발표의 장으로 활용하는 '창조도시'

구상을 내놓았다. 요코하마의 재산은 바다 항구와 역사적 건물뿐이다. 그래서 요코하마다움을 살리는 사업이 필요했다. 도시를 활성화시킬 수 있는 방법은 요코하마의 풍경, 즉 도시디자인과 건물을 활용해야 한다는 판단에 따른 것이다. 이후 일본 최고의 문화·관광 도시로 발돋움했다. 기계적이고 물리적인 도시 만들기로는 안 된다. 사소한 역사라도 이를 살려서 미래의 큰 역사를 만들어 가는 정신이 있어야 한다.

자치단체가 주체성을 가지고 지역의 특성과 실정을 파악한 뒤 시 전체적인 관점에서 시민의 손으로 디자인을 해 나가야 한다. 말하는 것은 쉽지만 실행에 옮기는 것은 쉬운 일이 아니다. 정책의 이념, 계획을 시민들에게 이해시키고 끝까지 밀고 나가는 리더십이 필요하다. 정책을 추진하기 위한 환경 조성 또한 리더십에서 나온다. 행정은 문화예술이 자랄 수 있는 필드를 만들고, 모든 사업 추진과 구체적인 내용을 예술가, 시민단체, 전문가 등에게 일임하는 소통의 리더십이 필요하다.

心象風景

　도시디자인을 통해 도시 인생역전을 이루어 낸 그차츠(오스트리아)와 바르셀로나(스페인), 전 세계 사람들에게 꼭 한 번 가보고 싶은 도시로 꼽히는 뉴욕(미국), 세계에서 가장 살기 좋은 도시 1위를 7년째 고수하는 취리히(스위스), 그리고 세계 디자인 산업의 중심인 런던. 이 도시들의 성공 바탕은 무엇인가?

　도시의 거리는 광고물로 넘쳐나고, 우리는 그 광고물에 둘러싸여 생활하고 있다. 버스정류장 또는 전철역으로 발걸음을 재촉해 보자. 짧은 거리지만 많은 광고물을 보게 된다. 버스를 기다리거나 전철 플랫폼에서 좌우를 살펴보면 광고물로 가득하다. 또 전철을 타고 나서 창문 밖 풍경을 보면 자연히 광고물이 눈에 들어온다. 유머와 위트 있는 광고는 출퇴근 교통지옥을 한순간이나마 잊게 해주는 청량제 역할도 한다.

우리는 잠잘 때를 제외하고는 이렇듯 광고물에 둘러싸여 있지만 큰 인식을 하지 못한 채 자연스럽게 광고물과 함께 생활하게 된다. 광고는 도시 생활에 있어 물과 공기와도 같다. 거리에 광고물이 없다고 가정해 보자. 대리석 벽과 보기 흉하게 드러난 콘크리트 건물만 있어 따분하고 활력이 약해질 것이다. 창밖 풍경도 들판과 아파트들만 늘어서 있다면 일상의 생활이 싱겁고 재미없게 될 것이다.

광고물은 우리 생활에 정보를 제공하는 다양한 커뮤니케이션 역할과 더불어 우리 생활에 활력을 불어넣어 준다. 즉 광고는 생활에 있어 물과 공기의 역할을 하면서 시민의 활력소이자 정보원이 될 수 있다. 따라서 광고는 공공성을 기반으로 이루어져야 하며, 도시미관을 고려한 설치와 관리가 필요하다.

수백 년 전에 축조된 유럽 도시의 석조 건물 속은 예외 없이 조각품으로 벽, 지붕 등이 아름답게 장식되어 있다. 근대 건축물도 그 속에서 조화를 이룬다. 전통 있는 도시 건물 속에도 자연스럽게 광고물이 스며든다. 도시의 아름다움과 더불어 정보원으로서 도시에 격(格)을 만들어 가고 사람들에게는 편안함과 안정감을 준다. 도시 자체가 귀중한 관광자원으로 그 가치를 더해 준다.

우리나라 도시 건축물과 광고물은 어떤 모습일까? 건축물 개성은 보이지 않고 오로지 간판만 있다. 간판은 하나같이 개성이 없고 화려하고 크기만 강조하고 있다. 우후죽순처럼 여기 저기 무분별하게 설치되고 거리를 혼란스럽게 만드는 요소가 다분하다. 이러한 요소는 도시민에게 맑은 공기가 아니라 공해다. 활력보다는 불편함 그리고 혼란과 혼동만 부추길 뿐이다.

광고물은 공공재다. 그래서 광고물의 설치와 광고에는 상당한 논리성이 내재돼 있어야 한다. 아울러 잘 만들어진 광고물은 상점의 얼굴이 되지만, 더 넓게는 거리의 특성과 도시의 이미지를 만드는 요소가 된다. 특히 옥외 광고물과 지주 간판을 접하면서 도시와의 첫 대면이 시작된다는 점에서 도시의 이미지를 결정짓는 중요한 요소이다.

광고물은 개인이나 공공기관에서 설치하지만 그 순간부터 도시 구성원 전체에게 커다란 영향을 주므로, 공적인 영역이 우선시되어야 한다. 따라서 광고물은 인공적인 도시경관이나 자연경관 그리고 마음의 풍경이 있어야 하고, 심상풍경(心象風景)에 강한 인상을 남기는 광고물이 바람직하다.

자연미와 더불어 옛 건축물과 현대식 건물 그리고 정보를 제공해주는 정돈된 광고물이 필요하다. 디자인이 섬세하고 아름다운 조각 예술품처럼 도시환경과 조화를 이루도록 해야 한다. 지역별 특성과 문화적 전통에 맞춰 광고 제작이 필요하며 낮뿐만 아니라 밤의 거리도 메세지를 줄 필요가 있다.

결정권자의 안목이 있어야 한다

미국 대도시의 죽음과 삶의 저자 제인 제이콥스는 '생명력 있는 도시'를 강조한다. "도시의 생명은 활기·다양성 그리고 안전이다. 그러기 위해서는 단일한 용도로 분할·개발되는 비인간적인 지구 계획 대신 다양한 용도가 뒤섞이도록 배려해야 옳다." 산업화 뒤 그늘에서 씨름하는 우리에게도 일정한 암시를 제시해 준다.

우리 사회는 공동체적 삶이 무너지고 대신에 개인적이고 파편화된 도시의 생활이 자리 잡기 시작하였다. 산업화·도시화의 경제구조 시대를 맞아 지방도시는 공동화 현상과 더불어 경제적 어려움을 겪고 있다. 2010년 6·2지방선거에서 민심은 변화를 원했고, 이는 새로운 선택으로 이어졌다. 그리고 2010년 7월 1일 민선5기 지방호가 새롭게 출발했다. 누가, 어떻게, 무엇을 가지고 지방도시를 재생할 것인가? 도시 성장에 철학은 무엇인가?

'재생에서부터 명품도시'를 꿈꾸며 도시디자인, 도시 재생, 녹색도시를 주제로 자료 수집하고 많은 관계자와 이야기하면서 시간을 보낸 적이 있다. 좀 이른 결론이라 할 수 있지만, 도시의 성공 열쇠는 '다양한 의견 수렴과 시민들의 자발적인 참여'에 있다는 생각을 해 보았다.

서울 용산구 청파동 청파초등학교 인근에는 좁은 돌담 사이로 난 골목길이 많다. 비탈진 곳에 주택이 들어서다 보니 바닥을 평평하게 하기 위해 돌 벽을 쌓은 것이다. 낡고 군데군데 이끼가 낀 회색빛 돌담 때문에 동네가 더 낡아 보인다. 이런 청파동 돌담길이 예술 공간으로 변신했다. 만리시장 2길, 만리시장 3길, 청파새싹길 399m 구간에 도자기와 칠보 등으로 만든 작품이 등장했다. 형형색색의 도자기 물고기 800여 마리가 헤엄치고 너울대는 파도가 곳곳에 내걸렸다. 어르신 70여 명과 어린이 20여 명이 6주 동안 조형토를 빚고 색을 칠해 만든 작품이다. 덕분에 음침하던 골목이 환해졌다.

청파동 주민들이 돌담을 변신시키기 위한 작업에 나선 것은 2010년 3월, 서울시 산하 서울문화재단이 실시한 '예술마을 가꾸기' 사업에 참여하면서다. 예술마을 가꾸기는 주민이 아이디어를 내고 작업까지 해 동네를 새롭게 꾸미는 시민 참여형 공공미술 프로젝트다(중앙일보 11월 29일). 서울시 문화재단은 "주민이 창작활동에 참여하면 마을에 대한 주인의식이 높아지면서 도시 곳곳이 아름답게 바

서울 용산구 청파동 골목길의 회색 담벼락 300m가 물고기가 헤엄치고 파도가 넘실대는 예술 공간으로 바뀌었다. 지역 노인과 어린이들의 합작품이다. 작은 사진은 성북구 정릉동 청덕초등학교 인근 벽에 붙은 아이들의 타일 작품(위)과 설치미술가들의 도마뱀 조형물(아래).

중앙일보. 2010/11/29

꾸는 일석이조의 효과가 있다"고 말했다.

현재의 도시디자인과 재생, 녹색도시 건설에는 용산구 청파동처럼 주민의 참여가 있어야 한다. 하나의 과시적인 업적과 연계돼 정치적인 색채를 띠게 되어서는 안된다. '광화문 광장'은 디자인 서울에 올인한 오세훈 시장의 첫 작품이다. '디자인 서울'이 얼마만큼 시민들과 소통하고 장기적 플랜을 갖고 정책을 추진하였는지 궁금하다. 아마도 시민들의 참여와 의견 수렴의 빈도가 높았다면 '강남시장'이란 오명을 쓰지 않았고 '디자인 서울'도 시민의 생활 속에 녹아들면서 정상궤도에 진입하였을지 모른다.

민선5기 지방호에서는 디자인을 빌미로 정치적 위상을 높이는 것보다 시민과 소통하는 시스템을 구축하는 게 중요하다. 그리고 도시가 갖고 있는 역사의 재발견과 문화를 계승하고 시민의 삶이 녹아 숨 쉬는 새로운 가치를 만들어 가야 한다. 이것이 공공디자인의 본질로, 시민의 생활 속에 녹아들면서 정상궤도에 진입하는 것이다. 지방도시는 다양한 특색과 문화적 기반을 갖고 있다. '다양한 의견 수렴, 시민들의 자발적인 참여' 시스템을 만들어 놓으면 자연스럽게 시민성이 만들어지고, 지역주민들의 문화욕구가 충족되며, 삶이 업그레이드되고, 관광자원화될 것이다.

민선5기 지방호 선장인 정책 결정권자가 도시디자인에 대해 어떠한 철학을 갖고 있느냐가 매우 중요하다고 본다. 미국의 '예일 대학'이 있는 '뉴헤이븐'의 '리 시장'은 시들어 가는 도시를 완전히 재생시켰다. 그는 좋은 '도시계획가', '건축가', '공예디자이너' 그리고 시민들이 선택할 수 있는 공간을 만들어 놓았던 것이다. 정책 결정권자의 소양 유무가 빈사상태의 도시를 살리기도 하고 죽이기도 한다는 예를 우리는 많은 사례를 통해 볼 수 있다. 1만 명의 교통순경보다 1개의 좋은 디자인이 거리의 질서를 확립시켜 줄 수 있다는 사실을 아는 사람은 많지 않다.

자신의 정치적 입지를 다지기 위해 도시디자인을 내세우는 사람도, 대통령과 시장의 뒤를 좇으려는 추종자들의 '벤치마킹' 도시디자인은 더 이상 없었으면 한다. 디자인 정치에 들어가는 예산은 엄청나다. 다 국민의 피 같은 세금이다. 도시디자인에 무철학, 무특징, 무시민으로 획일주의에 물든 도시공간의 그림자를 시민들에게 안겨 주어서는 안 된다. 우리는 권한을 주지 않았다.

민선 5기 지방호의 도시디자인 청사진은 언제나 시민과 함께 시민 속에 있어야 한다. 미디어의 발달과 다양한 정보를 접하며 시민들은 똑똑하고 현명하다. 지방정부와 시민들이 직접적으로 소통하고, 지역 공동체 프로그램에 참여하는 방식으로 시민과 지역사회단체는 하나가 되어야 한다. 언제 어디서나 정보를 제공해 주고 다양한 아이디어 공모전을 통해 시민들의 참여의 공간과 네트워크를 확대할 필요가 있다.

선진화된 거버넌스가 있어야 한다

지속가능한 도시 만들기에 필요한 여러 가지 사업은 통합된 행동을 요한다. 어느 특정 단체가 모두 떠맡을 수는 없다. 지방정부와 시민사회단체, 주민, 기업가 등 모두가 파트너가 되어야 한다. 중앙 정부로부터의 지원과 지도도 있어야 한다.

도시의 매력포인트는 시민 참여로 이루어진다. 매력 포인트는 삶의 에너지로 만들어진다. 시민의 참여 속에 민선 5기 지방호는 다음과 같은 도시디자인을 해 보았으면 한다. 대한민국의 역사 인식과 도시의 문화적 특성을 더하는 도시디자인, 자신의 정치적 입지를 빼고 시민 삶의 질을 높여 가는 디자인, 의미 있는 장소와 숨어 있는 역사적 인물에 가치를 더 곱하는 디자인, 시민들이 스스로 참여할 수 있게 정보를 나눌 수 있는 디자인. 민선 5기 지방호 선장부터 디자인 교육을 시작하면 어떨까?

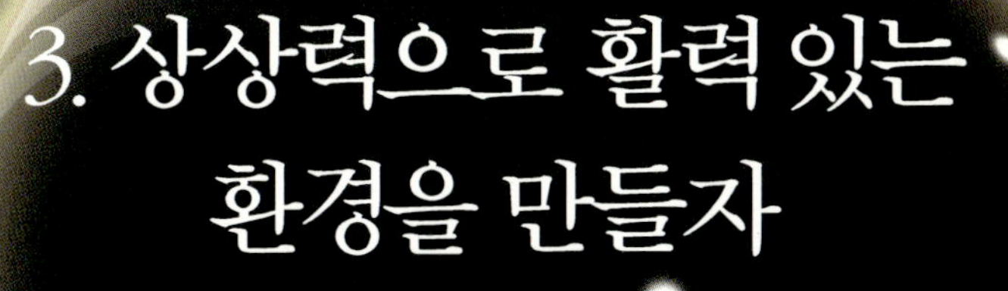

3. 상상력으로 활력 있는 환경을 만들자

"산업디자인은 실용성이 우선이지만 창조에 관한 욕심을 버려서는 안 된다"고 강조한다. 상업성과 미학의 조화가 필수적이란 이야기다. 또한 "일을 할 때 '차가운 머리'를 유지하려고 노력해야 하지만 가슴은 뜨거워야 한다."

―알렉산드로 멘디니, (이) 산업디자이너

블루칩

영국의 건축 및 도시 관련 정책 수립의 역할을 담당한 영국 국가 건축위원회(CABE)가 있다. 주요 역할은 건축 프로젝트의 디자인 리뷰를 통한 조언과 공공건축·도시계획 사업 등에 대한 직접적인 권고와 공공기관에서 수행 사업을 지원한다. 디자인 기술지원 및 건축·공공공간 디자인에 대한 교육 개선과 지속적인 연구 개발과 캠페인을 통해 공공분야의 수준 향상을 도모하고 있다.

공공디자인은 흔히 전문가들이나 참여하고, 도시계획과 시설물 변경 등에만 적용된다는 생각을 하게 된다. 그러나 공공디자인 작업에는 공공시설물 자체와 공공시설물을 이용하는 일반 시민들의 자발적인 참여, 의견 수렴 역시 중요한 요건으로 작용한다. 최근에는 공공디자인이 향후 도시계획, 도시재생사업에 있어 블루칩으로 떠오르면서 관련 단체들도 꾸준히 증가하고, 시민들의 자발적인 참여와 관심 또한 높아지고 있다.

영국의 상당수 단체들은 전문학회로 활동하면서 지자체나 시민 참여를 적극 유도하고 있다. CABE 같은 단체는 정부와 직접적으로 관련을 맺고, 지역 공동체 프로그램에 참여하는 방식으로 해당 지자체나 지역 사회와 연관을 맺고 있다. 이 단체는 잘 설계된 건물과 장소에 관한 정보를 시민들에게 알리고 디자인 공모전을 통해 시민들의 참여도 독려하고 있다.

미국의 대표적 공공디자인 단체인 PPS는 록펠러 센터에 '어떻게 공공공간을 활용할 것인가'에 대한 컨설팅을 해 주는 대신 무료로 사무실을 제공받으면서 시민들이 참여한 브라이언트 공원(Bryant

미국 뉴욕 주(州) 뉴욕 시 미드타운에 위치한 도시 공원. 뉴욕 패션 위크, 더 폰드(The pond) 아이스 스케이트장 등으로 활용되고 있다.

Park), 뉴헤이븐 거리 개선 사업 등의 공공 프로젝트를 진행했다.

우리나라도 일부 공공미술 단체들이 지자체 사업 또는 일반 기업들의 사회공헌 프로그램에 참여하는 방식으로, 지역사회의 공공디자인 꾸미기와 지역주민들의 문화욕구를 충족시키고 있다.

성남문화재단의 '우리동네 문화 공동체 만들기' 사업이 대표적이다. 재단이 2006년부터 추진해 온 이 사업은 벽화, 그래픽, 색채계획 등 평면작업과 조각, 상징조형물 등 다양한 분야에 적용됐다. 특히 유동인구가 많고, 시민들의 시선을 끌 수 있는 각종 실내·외 공간작업 등을 통해 주민들의 참여를 이끌어 냈고, 당초 기획했던 공단, 아파트, 상가, 시장 등 6가지 모델에 대한 사업을 모두 마쳤다. 이 작업은 문화체육관광부의 새 문화 정책기조에 반영되기도 했다.

성남문화재단 노재천 문화사업국장은 "공공디자인이라는 것을 한 지역에 접목시킬 때 디자인 작업을 어떻게 하느냐가 중요하다"며 "제대로 된 공공디자인의 역할 수행은 시민이나 행정적인 견해를 함께 반영할 때 가능하다"고 조언했다.

박종선 전 과천시 부시장은 "디자인에 대한 감각이 있는 자치단체는 시민들의 생활과 아름다운 도시공간 조성에 많은 기여를 할 수 있는 삶의 공간을 만들어 가고 있다. 하지만 그러하지 못한 자치단체는 남의 것을 베끼고 답습하는 정도의 감각밖에는 발휘하지 못한다는 것을 새삼 느낀다"면서 "중요한 것은 아름다운 공간을 조성하는 디자인도 전문가의 획일화된 생각 속에서 변화된 모양만을 제공하는 것이어서는 안 된다. 왜냐하면 결국 디자인의 산물을 이용하는 것은 전문가가 아니라 순수한 생각을 가지고 있는 시민이기 때문이다. 아름다움과 새로움은 느낄 수 있지만 실제로 생활에 얼마나 많은 편의성과 효율성을 제공해 주느냐 하는 것은 이용한 사람들의 결과물이기 때문이다. 따라서 아무리 새롭고 아름다운 디자인이라도 그것을 전문가나 정책을 추진하는 몇몇 사람들의 아이디어와 결정에 따라서는 많은 사람들에게 호응을 받기가 그리 쉽지 않다. 그렇기 때문에 이용하는 순수한 시민의 생각이 포함되는 디자인이 되어야 한다"고 강조했다.

고 건축가 김수근 선생은 "무조건 커다랗고, 높고 비싼 빌딩만 지어서 도시를 형성하는 것보다 우선 자기 신변부터 미화하고 개선해서 안목 있게 정비한 다음 자신이 살고 있는 동의 주변 그리고 거리, 그 다음에 지구 일원에 파급되는 것이 순서라 생각한다. 즉 도시는 도시계획이나 건축 관련 관리들의 손에 달린 것이 아니라는 것을 알아야 한다. 또 구청이나 동사무소에 달린 것도 아니다. 각 개개인의 의식구조에 달린 것이다. 따라서 먼저 자기 개체의 이해로부터 시작해야 한다. 자기 자신의 미의식의 배양부터 시작해야 한다"고 강조한다.

의미 있는 공간을 어떻게 할 것인가?

훌륭한 도시를 만들기 위해서는 디자인적으로 '예쁜 장소'를 만드는 것보다 '의미 있는 공간'을 조성하는 것이 중요하다. 겉만 아름답고 사람들의 일상으로 연결되지 않는 공간은 의미가 없다.

'파워 오브 텐', 훌륭한 도시에는 적어도 10개의 명소가 있어야 한다. 각각의 명소에서는 사람들이 즐길 수 있는 10가지 이상의 활동이 이루어져야 한다.

도시디자인에 있어 정부는 주도자가 아니라 중재자 역할을 해야 한다. 공공디자인의 주인공은 시민이다.

PPS(Project for Public Space)의 프레드 켄트 회장

미국 뉴욕에 본부를 둔 공공디자인 단체인 PPS(Project for Public Space)의 프레드 켄트(Fred Kent) 회장은 훌륭한 도시엔 적

어도 10곳의 명소(名所)가 있어야 하고, 각각의 명소엔 10가지 이상의 보고 즐길 것이 있어야 한다고 했다. 또한 그저 '예쁜 장소'가 아니라 '의미 있는 공간'을 조성하는 것이 중요하다고 했다(조선일보 2008년 2월 22일). 도시디자인이 트렌드가 된 지금, 프레드 켄트의 이른바 '파워 오브 텐'(Power of 10) 이론은 시사하는 바 크다.

○ 우리 고장에서 의미 있는 공간을 꼽으라면 어떤 곳이 있을까?
○ 무분별한 도시화와 산업화로 사라지지는 않았는지?
○ 파괴·파손되지는 않았는지?
○ 우리는 제대로 지켜 내고 있는지?

프레드 켄트의 주장대로 의미 있는 장소를 제대로 도시디자인에 활용할 줄 알아야 훌륭한 도시가 될 것이다. 그럼 현재의 도시디자인은 어떠한가? 현실은 그렇지 못하다. 활용은 고사하고, 우리가 가지고 있는 의미 있는 장소의 존재 자체를 모르거나 잊고 있는 안타까운 일들이 많다. 우리 스스로의 자랑을, 스스로가 가진 의미 있는 장소를 도시디자인으로 살려 내는 노력을 기울여야 할 때이다.

도시의 매력은 화려함, 높은 빌딩, 깨끗하고, 예쁘다고 이루어지는 것이 아니다. 향후 도시디자인에 있어서 도시의 매력을 만들어 가는 데 일반 시민들의 자발적인 참여와 의견수렴이 있어야 한다.

나아가 더럽다, 깨끗하다, 예쁘다가 아니라 그 속에 담겨 있는 의미와 인간적 냄새, 그 속에서 시민들의 행위 혹은 활동 그 자체가 있어야 한다.

도시디자인, 도시 재생이라는 화두로 자료를 수집하고 메일을 주고받으면서 필자의 가슴속에는 '시민들의 자발적인 참여, 의견 수렴'이란 덩어리가 남아 있다. 도시디자인의 첫 번째 성공은 이명박 서울시장 재임 시절의 청계천 복원과 시청 앞 광장 조성이라 할 수 있다. '시민의 자발적 참여와 다양한 의견수렴'의 대표 작품이라 할 수 있다. 도시디자인은 시민들의 참여와 의견 수렴의 빈도가 높을수록 성공 확률은 더 높을 것이다.

전우용 서울대병원 병원역사문화센터 연구교수는 "오늘날 광장시장에서 평화시장으로 이어지는 동대문시장 벨트는 세계 굴지의 패션 의류 타운이 되었다. 그러나 이 일대에서 300년 넘은 역사의 흔적은 찾기란 거의 불가능하다. 시장 뒷골목에 아직도 남아 있는 지게 행렬이 겨우 옛 모습을 짐작하게 할 뿐이다. 역사와 문화의 흔적을 지우는 개발이 아니라 그 자취와 함께하는 개발이어야 '국격(國格)'도 '도시디자인의 품격'도 살릴 수 있을 것이다"라고 얘기한다.

도시디자인은 지역이 갖고 있는 고유의 특징을 살려 새로운 가치를 만들어 가야 한다. 나아가 시민의 정신을 살찌우고 도시를 관광자원화하는 정책을 펼쳐야 한다. 정책입안자나 결정권자가 도시디자인에 대해 어떠한 철학을 갖고 있느냐가 매우 중요하다. 앞서 "시장의 소양 유무가 빈사의 도시를 살리기도 하고 죽이기도 한다"는 예에서 언급했듯 도시를 완전히 재생시킨 미국 '뉴헤이븐'의 '리 시장'이 좋은 사례가 될 것 같다.

각 자치단체마다 새로운 이미지를 강조하고 이를 부각시키려는 노력에 힘을 쏟고 있다. 하지만 걱정스러운 것은 인기몰이식의 한탕주의가 되어서는 안 된다. 수십, 수백 년이 흘러도 가슴에 담아 두고 싶은 도시가 되어야 한다. 그래야 역사성을 인정받을 수 있고, 그런 토대가 형성되었을 때 매력 있는 상품이 될 수 있고, 이러한 틀을 마련하는 것은 미래지향적인 시민들과 지도자 몫이라고 생각한다.

"苟日新 日日新 又日新" 3,600년 전 은나라 탕 임금의 생활신조다. 진실로 날로 새로워지려거든 나날이 새롭게 하고 또 날로 새롭게 하라는 말이다. 어쩌면 우리들이 새겨야 할 덕목이 아닐까.

창조도시 일본 요코하마를 가다

"배부른 예술 지원에 시 예산이 축난다"는 당초 우려와 달리 요코하마는 사람들로 넘친다. 일본 최대의 차이나타운도 유명하지만 항만의 건물과 창고 등 역사적 건물들이 새로운 문화공간으로 탈바꿈한 거리는 단골 화보 촬영지이자 데이트코스로 꼽힌다. 2002년 취임한 나카다 히로시 시장은 요코하마의 역사적 건물들을 문화 창작·발표의 장으로 활용하는 창조도시 구상을 발표했다.

일본의 '창조도시' 요코하마 시. 현재 일본 각 도시에서 많은 시찰단이 방문하고, 외국에서도 요코하마 시를 배우기 위해 찾아오고 있다.

요코하마 시는 1859년 일본에서 가장 먼저 개항해 가스등과 돈가스, 아이스크림 등 외국 문물을 제일 먼저 받아들인 도시다. 그러나 경제 성장이 둔화하면서 인구 감소·고령화 등 세계 모든 도시가 겪고 있는 문제를 다 갖고 있는 도시였다. 당연히 활력 있는 도시 재생 프로젝트가 필요하였다.

요코하마 시는 개항 150주년을 맞이하고 지금은 축제 중이다. 항만의 건물과 창고 등 역사적 건물들이 새로운 문화 공간으로 탈바꿈한 거리는 단골화보 촬영지로 많은 관광객들이 찾아오면서 일본 최고 문화·관광도시로 발돋움하였다.

요코하마 시는 1960년대 후반부터 많은 도시계획을 추진하였고, 1970년대 들어 본격적으로 도시디자인에 관심을 갖게 되었다. 1965년 이후 요코하마 시가 몇 가지 대형프로젝트에 의해 도시 개조에 착수한 시기가 도시디자인 행정의 초기라고 볼 수 있다.

교외인구의 거대화, 도로·공원·학교 등 공공시설의 부족, 도심부의 쇠퇴라는 문제에 직면한 요코하마 시는 교외지역을 중심으로 한 대규모 개발에 착수하였다. 이때 '택지개발요강' 등에 의해 개발

요코하마시는 창조도시 정책 추진 과정에서 아카렌가소코 건물을 사들여 한 곳은 예술가들이 문화예술 활동을 펼칠 수 있는 공간으로 활용.
요코하먀 창조도시센터 / 아카렌가소코

수준을 통제하고, 나아가 공공·공익시설용지를 충분히 확보하는 한편, 요코하마 시가 하나의 사회단위로 자립할 수 있도록 핵심기능의 정비를 중시한 사례가 있다.

2002년 취임한 나카다 히로시 시장은 역사적 건물을 문화·창작 발표의 장으로 활용하는 '창조도시' 구상을 발표했다. 요코하마 시의 재산인 바다와 항구와 역사적 건물의 특성을 살리면서도 도시를 활성화할 수 있는 방법은 요코하마의 풍경, 즉 도시디자인과 건물을 활용해야 한다는 판단에서 출발하였다. 나카다 시장은 이 사업을 계기로 '문화예술도시 창조사업본부'를 설치했고, 사업은 행정부에서 전체 계획의 골격을 만들되 모든 사업 추진과 구체적인 내용

요코하마 스카이 뷰 / 요코하마는 문화예술교육을 통해 창조도시로 발전하고 있다.

은 예술가·시민단체 등에 일임하는 시스템을 갖추어 왔다.

'요코하마다움'을 추구하는 도시디자인의 성공 요인 가운데 벤치마킹할 요소는 무엇일까.

첫째, 도시계획과 도시디자인을 일관되게 적용하고, 가장 어울린다고 생각하는 방향으로 요코하마 시가 독자적으로 또는 시민과 함께 지혜를 모아 왔다는 점이다. 이를 실현하기 위해 기존의 틀에서 벗어나 독자적인 방법을 끊임없이 모색하고 선택한 점이다.

둘째, 단편적이 아닌 종합적·영속적인 도시환경 조성을 위해 시청에 관련 조직을 만들어 시의 통상적인 업무로 만들었다. 정치적 이용, 이벤트성보다 통상적인 업무 속에서 시민과 함께하는 문화를 만들어 가는 것이 중요하다.

셋째, 도시디자인은 "도시는 도시계획이나 건축국 관리들의 손에 달린 것도 아니고, 또 구청이나 동사무소에 달린 것도 아니다"라고 지적한 김수근 선생의 말처럼 행정은 문화·예술이 자랄 수 있는 필드를 만들고, 시민들이 참여할 수 있는 공간을 만들어 가는 것이 중요하다.

넷째, '요코하마다움' 정책의 이념과 계획을 시민들에게 이해시키고 끝까지 밀고 나가는 리더십이다. 우리나라도 도시디자인 성공 요소인 디자인 리더십을 발휘해 보는 것도 좋을 것 같다.

요코하마 시에서 추진해 온 도시디자인 행정은 사상적·행태적으로는 도시공간의 선배인 서구 도시에서 배운 점도 많다고 볼 수 있다. 그러나 도시공간을 육성하는 법제도가 취약한 일본에서 요코하마에 어울리는 형태로 도시공간을 창출하고 '요코하마다움'을 정착시키려고 한 노력과 연구 자체가 일본의 독특한 도시디자인을 창조했다고 할 수 있다.

'선'으로부터 출발

공동선은 사회 구성원 전체에 공통되는 이익, 공공복지(公共福祉)
라고도 한다. 개인의 개별적 이익과는 달리 다수인 개개의 이익이 잘
조화될 때 성립하는 전체의 이익을 의미한다.

세계 곳곳에서 도시 재생사업과 디자인으로 인해 도시가 진화하
고 있다. 미래의 도시를 정확하게 점칠 수 있다면 얼마나 좋을까?
한편 완전한 미래 도시를 그릴 수 있다면 세상이 재미없어질 것이
다. 다행히 앞날을 정확히 예견할 수 없으니 도시계획이나 디자인에
문제가 생기면 왈가불가하는 것이 세상사가 아닌가?

그러나 인간의 생활환경을 보다 아름답고 편리하게 만들고 질서
있는 사회를 만들려면 최소한 도시계획이나 건축물 그리고 디자인
에 '선'은 있어야 하지 않을까?

"선을 지켜라. 선을 넘지 말라는 선(線)도 있다. 남을 배려하고 베푸는 선(宣)도 있다. 선행을 하는 착한 선(善)도 있다." 선은 여러 가지 뜻과 의미를 갖고 있다.

많은 사람을 만나고 도시를 다니다 보면 '선'을 넘거나 부족한 경우를 종종 볼 수 있다. 정지선을 지키지 않고 횡단보도를 가로막은 차 때문에 사람이 불편을 겪는 경우가 있다. 차선을 잘 지켜야 한다. 또 공공장소의 불쾌한 환경, 불친절한 서비스 등으로 베푸는 선(宣)이 약할 때도 있다. 말뿐인 약속, 진실이 부족한 경우도 느낀다. 착한 선(善)이 필요한 것 같다.

명품도시의 이미지를 만들어 가는 방법도 이러한 '선'에서 출발하였으면 한다.

도시가 진화하는 가운데 가장 먼저 이성의 정도(正道)를 지키는 '선'의 습관을 배워야 한다. 다시 말하면 만약 처녀가 선을 지키지 않으면 어떻게 될 것인가. 그리고 의사가 선을 넘으면 살인을 하게 될 것이고, 신부가 선을 넘으면 파계(破戒)될 것이고, 정치인이 선을 넘으면 국적(國賊)이 될 것이다. 국경을 지키지 않고 선을 넘으면 전쟁을 일으키게 된다. 우리의 생활 주변에는 많은 '선'이 있다. 이 조그마한 선을 넘지 않는 것부터 배워야 한다. 이성의 정도(正道)를 지키는 선을 배워야 할 것이다.

도시디자인으로 인간 환경을 보다 더 아름답게 하고 질서 있는 사회 환경을 만들려면 보이지 않는 착한 선(善), 배려의 선(宣)이 기본 바탕에 깔려 있어야 한다. 나아가 사회 구성원 전체가 공통적인 이익을 추구하는 공동선의 마음을 가져야 할 것이다.

공동선에는 모두가 책임의식이 있어야 한다. 또한 공동선에는 '깨진 유리창의 법칙'에서 말하듯 사소한 것에도 문제가 없는지 지속적인 관심을 갖는 작은 선도 있어야 한다.

누구나 주인공이 될 수 있는 '비움의 도시'

디자이너 하라 켄야는 "비어 있다는 것은 누구나 주인공이 될 수 있다는 뜻이다. 기능·형태·용도 등, 모든 게 정해지지 않았다는 점에서 채움의 가능성을 열어 놓은 것이다." 일본 디자인의 핵심은 '비어 있음'(emptiness)으로 요약된다.

육교와 횡단보도가 있다면 여러분은 어디로 길을 건너시겠습니까? 모름지기 십중팔구는 횡단보도로 길을 건너겠다고 답할 것이다. '육교'의 사전적 정의는 꽤나 인간적이다. '번잡한 도로나 철로 위를 사람들이 안전하게 횡단할 수 있도록 공중으로 건너질러 놓은 다리.' 그런데 육교는 노약자와 장애자들의 이용이 불가능할 뿐더러 자전거 이용자는 물론 건전한 시민들조차 계단이 많아 이용하기를 기피한다. 게다가 육교는 사거리에서도 좀 떨어져 있어서 돌아간다는 심리적 부담도 준다.

1번 국도에 위치하고 있는 육교 / 수원 효성 사거리 원형 육교

만에 하나 육교를 이용할 때에는 정말 큰 결심이 필요하다. 휠체어에 의지해야 하는 분들은 아예 길을 건너가는 게 불가능하다. 자전거를 타고 육교가 설치된 사거리를 건널 때도 용의주도해야 한다. 인도나 자전거도로로 오다가 사거리에서 육교를 보면 차도로 내려서서 자동차와 같은 신호를 받고 재빨리 건너야 한다. 육교는 그동안 장애인과 노인 등 사회적 약자를 도시공간에서 배척하고 쾌적한 도시환경을 만드는 데 있어 악의 축이었다.

우리나라 육교의 역사를 보면, 사람들의 안전보다는 '자동차가 안전하게 질주할 수 있도록' 만들어진 개발시대의 부산물이란 성격이 강하다. 역설적이게도 사람들의 안전을 위해 설치된 육교 주변에서 오히려 사고가 더 많이 일어나고 시민들에게 외면당하면서 무용지물로 전락하고 있다.

선진국이나 우리나라 서울과 부산 등 대도시에는 보행자 중심의 교통정책에 따라 도심의 육교는 점차 사라지고 있는 추세이다. 육교가 사라진다고 그렇게 슬퍼할 필요는 없을 것 같다. 그동안 시민들에게 불편을 주었고, 사라짐으로 인해 도시환경 개선과 시민들에게 편리성을 가져다주기 때문이다. 경기도 과천시는 2006년부터 육교 없는 도시가 되어 도시환경이 좋아진데다 안전사고 및 범죄 위험이 줄어들어 인근 아파트 주민들은 물론 많은 시민들의 반응이 좋다는 사례가 있기 때문이다.

운전자 위주에서 보행자 위주로 교통정책이 전환되고 있음에 더할 나위 없이 반가운 소식이다. 그러나 일부 자치단체에서는 지금도 육교를 설치하면서 '시민들의 안전'을 이야기하고, 기존 노후된 육교에 가로등을 설치하며 예산을 낭비하고 있다. 어느 시민의 말이 생각난다. '쓸데없는 데 돈 쓴다'고. 보행자 중심의 교통정책에 따라 특정 도시에서만 육교 철거가 아니라 시민의 편리성과 복지 차원에서 각 지방자치단체에서도 도심의 육교는 이른 시일 안에 철거할 필요가 있다.

육교가 시민들에게 외면당하면서 사라지는 대신 횡단보도는 보행자의 편리를 위해 다양한 형태로 진화하고 있다. 최근 도심에서 대각선형 횡단보도를 자주 볼 수 있고, 부산시에서는 보도(步道) 높이에 맞춘 험프(hump)형 횡단보도 등 교통약자들을 위한 다양한 신호기 형태가 설치되고 있다는 반가운 소식이다.

　　육교 철거와 횡단보도 진화의 시대, '채우는 도시'에서 '비우는 도시'로의 철학이 필요하다. "비어 있다는 것은 누구나 주인공이 될 수 있다는 뜻이다. 기능·형태·용도 등 모든 것이 정해지지 않았다는 점에서 채움의 가능성을 열어 놓은 것이다"고 세계적인 디자이너 하라 켄야(무사시노 미술대) 교수는 전한다. 도심에 육교가 없는 '비움의 도시'에서 누구나 주인공이 될 수 있도록 시민들이 순수한 마음으로 행정에 참여해 특별한 가치를 만들어 갈 수 있도록 하는 소통의 횡단보도도 필요하다. "아무것도 없이 텅 비어 있는 게 오히려 다양한 메시지를 담아낼 수 있다"는 하라 켄야의 '비움의 철학'처럼 시민들의 메시지를 담을 수 있게 행정서비스를 실천해 보는 것은 어떠할지.

4. '다움'으로 디자인하자

" 좋은 디자인이야말로 실용적인 면에서는 물론 미적인 면에서 고객을 만족시킬 수 있는 수단이 된다. 좋은 디자인의 창출이야말로 국가와 세계에 대한 기업의 책무임과 동시에 기업의 생존을 위한 최고 경영자의 책임이다. **"**

—토머스 왓슨, IBM 회장

서비스 디자인으로 도시다움을 만들자

세계적인 디자인업체인 미국 IDEO의 디자이너들은 전 세계 50만 명에게 깨끗한 물을 공급하는 프로젝트를 진행 중이다. '서비스 디자인'을 통해 사회문제 해결 수단으로 활용되고 있다. 영국의 'Dott(design of the time)'프로젝트는 학교·지역사회·에너지 환경 시스템을 개선하기 위해 서비스 디자인 개념을 도입했다. 서비스 디자인은 디자인적 사고나 방법론을 이용해 의료사고 예방, 범죄율 하락, 교실의 학습 성과 향상 등의 서비스를 개선하는 작업으로 이를 통해 더 자유롭고 더 행복한 삶을 추구하는 것이다.

21세기 디자인의 주체가 생산자 중심에서 사용자 및 인간중심으로 변화하고 있다. 그 영역도 제품의 기능이나 경제적 가치보다 사용자의 정신적 내면의 감성에 초점이 맞춰지고 비가시적인 가치로 중심이 이동하고 있다.

과거 대량생산, 대량소비의 시대에는 기업들이 물건을 팔기에 쉬웠다. TV든 냉장고든 가진 사람이 많지 않았으니 디자인과 관계없이 소비자들이 받아들였다. 지금은 어떤가? 휴대전화 없는 사람이 없고, 방마다 TV 없는 가정이 없다. 경쟁이 그만큼 치열해졌다. 세계 기업들은 디자인의 관점에서 바라보았고 오늘날 1등 기업들은 디자인을 통해 문턱을 넘었다.

21세기에 들어와 디자인의 영역은 상품이나 환경에 국한하지 않는다. 병원, 금융회사, 통신회사, 정부 등 사회조직으로 급속히 이동하고 있다. 서비스 기업이나 공공기관들이 고객을 만족시키는 방법을 찾는 데 디자이너 특유의 창의적 시각에 입각해 경영과 행정 분야에서 문제해결사로 활약하고 있다. 이른바 '서비스 디자이너'이다. 결과물이 눈에 띄는 형태로 나타나는 상품 디자인과 달리 서비스디자인은 결과물이 눈에 보이지 않는다는 결정적인 차이가 있다.

보이는 디자인으로 기업 이윤창출의 보조적 수단에서 보이지 않는 무형의 가치로 디자인이 중심 이동하면서 무서운 핵으로 부상하고 있다. 요즘 학계에서 가장 이슈가 되고 있는 영역이 '서비스 디자인'이기도 하다.

미국 카네기 멜론 대학의 디자인 전문가인 뷰캐넌 교수가 미국 국세청(IRS)으로부터 국세 징수 프로세스를 새롭게 디자인하는 프로젝트를 맡았다. 세금을 징수하는 국가기관인데도 고객 친화적이지 못하고, 세금 징수 프로그램 또한 고객 입장이 아니라 행정 편의적 발상에 따라 비효율적이었다는 지적이 많았다. 세금조사나 벌금 징수 시스템도 납세자를 범인 취급하는 분위기에서 이루어진다는 지적 때문이다. 이런 문제점을 해결하려는 연방정부의 의지가 반영된 것이 디자이너에게 국세징수 프로젝트를 맡긴 것이다. 세금을 납부하더라도 자발적으로 즐겁게 내도록 하는 조화와 균형의 원리로 무장한 디자인에서 그 해결책을 찾으려 하는 것이다. 그동안 행정학, 재정학, 경영학 교수들이 주로 맡던 행정시스템에 대한 혁신 작업을 디자인전공 교수가 맡았다. 세금을 자발적으로 즐겁게 내게 하려면 행정·경영적인 접근하기보다 아름다움과 실용성을 추구하는 디자인이론과 방법을 도입해야 한다.* 이것이 서비스 디자인이다.

미국의 대형 의료기관 카이저 퍼머넌트(kaiser permanente)는 간호사들의 교대 근무 때문에 환자들이 불편을 겪는다는 지적이 많았다. A간호사에게 이미 "등이 아프다"고 했는데, 교대 근무로 새로 들어온 B간호사에게 처음부터 다시 설명하는 것은 짜증나는 일이다. 그래서 환자 정보를 인수·인계하는 컴퓨터 프로그램을 개발해 환자 서비스 개선 방법을 '서비스 디자인'한 사례도 있다.

세계의 도시, 명품 도시에 '서비스 디자인'으로 도시 변화와 혁신을 리드할 수 있는 서비스디자이너가 필요하다.

행정에서 '서비스 디자인'의 최우선 목표는 '시민 만족'이다. 시민이 만족하지 않는 서비스가 무슨 의미가 있는가? 시민의 입장에서 관심을 갖고 불편 사항을 먼저 찾아내 이들의 욕구를 만족시키는 행정시스템을 만들고, 시민과의 만남에서 있어 '친절'로 접하는 것이 1차적인 서비스 디자인이다. 제품 디자인을 하듯이 시민의 행복한 삶에 관심과 만남을 통해 문제해결 방법을 찾아가는 것이다. 시민들이 더 자유롭고 더 행복해 질 때까지 서비스 레일을 깔고 친절로 시민을 모시는 서비스 문화를 만들어 가야 한다.

행정이나 경영에서 '서비스 디자인'은 사치도 아니고, 불편한 요소도 아니다. 우리 생활이 더 자유롭고 더 행복한 삶을 만들어 가는 선진형 서비스이며 부가가치의 원천이다. 지식정보화사회에서 상품이나 환경 자원도 중요하지만 사람 자원도 중요하다. 서비스 디자이너는 중요한 자원이다.

서비스 디자인을 통해 슈퍼디자이너가 되어보는 것은 어떨는지.

02

정조 대왕

정조 대왕은 백성을 위해, 조선을 위해 당파를 구별하지 않고 능력 있는 인재를 등용한 현명한 임금이었다. 백성 모두가 이 세상의 주인이 되는 아름다운 세상을 꿈꾸는 젊은 군주는 외쳤다. "어리석은 것들아 아름다운 것이 힘이다."

21세기는 '문화의 세기'라고 한다. 바야흐로 문화가 새로운 화두가 된 것이다. 세계적 문명비평가인 프랑스의 기 소르망(guy sorman)은 '문화는 경제적 자산으로 돈'이란 표현까지 했다. 문화는 과거 우리가 살아온 내력이며, 현재 우리가 살아가는 모습과 앞으로 살아갈 보람, 가치 이런 것들을 모두 포함한다.

도시의 경쟁력과 시민 삶의 질 향상을 위해 각 지방자치단체는 정책적으로 문화부문에 집중적인 투자를 할 필요가 있다. 문화는

수원 화성 / 연무대·장안문

경제적 이익뿐만 아니라 사회적으로는 지역민들의 문화적 긍지와 자신감을 확산시키는데 그 가치는 환산조차 할 수 없다. 문화에 투자할 돈을 경제 산업부문에 투입하면 훨씬 더 많은 효과를 볼 수 있을 것이라는 기대감 때문에 일부 반대 의견이 있다. 그러나 각 지방자치단체는 중요 정책을 펼치면서 문화부문에 대한 투자와 관심을 소홀히 해서는 안 된다.

문화정책을 추진하려면 우선 도시 구성원과 협력이 중요하다. 그래야만 전체적인 정책 수립이 가능하다. 문화재 관련 기관과 지역 문화단체와의 협력도 절대적인 사항이다. 그리고 문화정책의 특징은 시민들과 전문가의 자발적인 참여가 있어야 한다. 또한 산업화 과정에서 묻혀 있던 문화재들을 재발견하고 재개발해 경제적·사회적·문화적으로 가치를 창출해 내야 한다. 신축 건물보다 기존 의미 있는 건물의 용도 변경을 통한 홍보효과를 노리는 정책도 필요하다.

　지방자치단체의 기본적인 문화정책 전략은 도시가 보유하고 있는 기존 전통과 유산을 최대한 이용하는 것에서 시작한다. 기존 문화자산의 인지도가 높지 않더라도 그것을 개발하고 재발견하는 것에 가치를 두고 있어야 한다. 이는 도시의 잠재력을 발견하는 중요한 작업이기 때문이다. 지방자치단체는 정책적으로 도시계획을 하나로 묶어 문화프로젝트를 추진할 필요가 있다. 모든 도시계획에 있어 문화적 요소를 최우선 고려한다는 것이 핵심 요소로 할 필요가 있다.

　수원시의 문화정책 중 하나인, 유네스코가 세계문화유산으로 지정한 '화성(華城)'이 전 세계의 관광객을 불러 모으고 있다. 여기엔 이유가 있다. 정조가 수원화성을 만들 때 신하들이 "성이란 강하면 그만이지 왜 단장합니까?"라고 하자 "아름다운 것이 강한 것이다. 아름다운 것이 힘이다"라고 답했던 정신을 가미하여 '화성'의 가치를 더하고 있다. 수원시는 화성에서부터 미래의 가치와 희망을 만들어 간다고 볼 수 있다.

　그럼, 화성시는 무엇으로 관광객을 불러 모으고, 미래의 가치와 희망을 만들어 갈 수 있을까? 그것은 바로 정신문화다. 화성시를 좀 더 들여다보면 유구한 역사와 함께 문화자산이 무궁무진하다. 융·건릉, 용주사, 남양성지, 제암리 3·1운동 순국 유적지는 귀중한 자원이며 지역의 이미지를 잘 나타내는 아이콘이다. 그리고 남양황라, 궁평낙조 등은 자연자원과 어우러질때 문화 예술, 관광산업의 자원이 될 수 있다. 화성시의 도시문화 콘텐츠는 문화 예술 그리고 천혜의 자연과 어울림, 그리고 효행의 정신문화다.

화성시에는 정조 대왕의 효심이 깃든 유적이자 우리나라 효행(孝行)의 상징이라 할 수 있는 융·건릉을 꼽을 수 있다. 융·건릉과 용주사를 중심으로 문화적 투자를 늘려 가는 선택과 집중의 정책이 필요하다. 주변에 효(孝)박물관을 세우는 것과 더불어 정조효행문화제, 용주사 승무제, 효마라톤대회 등을 어울리게 하고 세계적으로 정신문화자산의 우수성을 인정받게 홍보도 필요하다. 아울러 구석구석 숨어 있는 문화유산을 발굴하고 재창조하는 데 관심을 가지는 것이 새로운 화성 발전의 희망이 될 수 있다.

20세기 초 중심 산업이었던 조선, 중공업의 쇠퇴로 폐허가 된 도시를 살려 낸 것이 문화 예술이였다는 사실은 이미 입증된 바 있다. 유서 깊은 역사의 도시를 문화도시로 탈바꿈시키는 일은 그리 어렵지 않다. 정책적 접근과 투자 그리고 시민의 참여만 있으면 가능하다.

'존슨공원'은 알고 있다

서지오 치암파리노 이탈리아 토리노 시장은 디자인을 이용하여 토리노를 관광도시로 변신시켜 쇠락하던 도시 경제를 부활시켰다. 토리노는 자동차회사 피아트 본사가 정부의 지역 균형발전 정책에 따라 다른 지역으로 이전해 가면서 도시 경제가 위기를 맞았다. 폐허가 된 공장에 공공디자인을 입혀 쇼핑센터와 공연장으로 리모델링했고, 1993년부터 가로등이나 자전거 주차장 등 공공디자인에 75억 유로(약 12조)를 투자한 결과 1996년부터 연평균 60%씩 관광객이 증가하고 있다.

경기도 화성시는 다른 어느 지역보다 전통문화유산에 얽힌 다채로운 이야기를 보유하고 있다. 대표적인 것인 융·건릉이다. 융·건릉은 화성의 얼굴이고 정신이며 화성시민의 자랑이다. 나아가 21세기 관광 콘텐츠로 문화자원의 금맥(金脈)이다.

화성 지역 관광산업의 경쟁력을 높이기 위한 융·건릉 핵심전략으

1966년 존슨 대통령 방문기념 동산

로 관광상품 개발과 홍보마케팅 전반에 스토리텔링 기법을 적용해
나가야 한다.

융·건릉은 용주사와 함께 정조 대왕의 효심이 깃든 유적으로,
우리나라에서 하나밖에 없는 효행(孝行)의 상징이다. 정조 대왕은
그의 부친인 사도세자의 죽음을 애석해하며 양주 배봉산에 있는 영
우원을 현재의 화산으로 옮겼다. 아버지의 능 주변 소나무에 송충
이가 대량 번식하여 솔잎을 갉아 먹고 있다는 보고를 받고 행차하
여 보니 송충이의 기승이 목불인견이었다. 정조가 진노하여 송충이

융·건릉 모습/세계 유네스코 문화유산으로 등재. 융릉은 사도세자와 혜경궁 홍씨 무덤이고, 정조와 효의왕후 무덤이다. 효의 고장을 탄생시킨 정조의 '孝心(효심)을 엿볼 수 있다.

를 잡아 깨물면서 "아무리 미물일망정 네 어찌 내가 부친을 그리워하며 정성껏 가꾼 소나무를 갉아 먹느냐"고 꾸짖고 돌아서자 천둥번개와 함께 장대비가 쏟아져 송충이가 사라졌다는 일화가 있다.

전문가들은 화성을 스토리가 있는 관광상품 개발의 최적지로 평가하고 있다. 관광상품 개발과 홍보마케팅 전반에 스토리텔링 기법을 적용하여, 지역 관광산업의 발전에 큰 기여를 할 것으로 기대하고 있다.

우리는 지역의 역사문화유산과 관광지에 전해 오는 신화, 전설, 민담, 역사적 사실 등을 조사 발굴해야 한다. 그리고 테마를 정해 재미있는 이야기로 각색하고, 이를 집중적으로 홍보하여 도시 이미지와 관광객의 유치 활동을 적극 전개해 나가야 한다.

　명품명소 뒤에는 항상 아름다운 이야기가 따라붙는다. 세계 100여 개국에 수출되고 하루 생산량만 10만여 개에 이르는 빅토리녹스(Victorinox) 나이프(일명 맥가이버 칼)에도 아름다운 이야기가 있다. 1976년 인도항공 524편에 탑승한 한 어린이가 큰 사탕을 먹다가 목에 걸려 숨이 넘어가는 상황이 발생했을 때 기내에 동승한 의사가 승객이 갖고 있던 빅토리녹스 나이프를 소독하여 어린이의 목에 걸린 사탕을 완벽하게 제거했다는 일화가 있다.

　세계 2억의 인구가 갖고 있다는 지포라이터에도 아름다운 이야기가 있다. "베트남 전쟁이 한창이던 1965년, 미 육군 소속 안드레즈 중사는 가슴에 적의 총탄을 맞고 쓰러진다. 의무병이 응급조치를 하려고 뛰어갔지만 그의 가슴에서는 피 한 방울도 흐르지 않았다." 안드레즈 중사 군복 주머니 속에 있던 지포라이터 때문이었다. 지포라이터가 총알을 막아 한 병사의 목숨을 살린 기사가 전 세계에 알려지면서 지포라이터의 명성을 다시 한 번 증명하는 계기가 되었다.

　또 유네스코 세계문화유산으로 지정된 수원 화성에도 아름다운 이야기가 있다. 정조가 수원화성을 만들 때 신하들이 말하길 "성이란 강하면 그만이지 왜 단장합니까?" 하자 정조는 "아름다운 것이 강한 것이다. 아름다운 것이 힘이다"라고 했다. 수원 화성 같은 건축물은 우리 선조들이 세련됨과 미적 감각이 대단하였음을 보여 준다.

　구석구석 숨어 있는 문화유산을 발굴, 재창조하고 스토리텔링으로 적극 전파해 꿈과 감동이 있는 도시, 그리고 관광산업으로 업그레이드해야 한다.

화성시 화산동에는 미합중국 대통령 존슨 방문기념 존슨공원이 있다. 널리 알려진 공원은 아니다. 1966년 미국 존슨 대통령은 한국군 월남파병에 따른 후속조치를 박정희 대통령과 논의차 방한하였다. 이때 화산동 일원의 경지정리(耕地整理)가 잘된 것을 시찰하기 위해 함께 방문한 지역이다. 이를 기념하기 위해 존슨동산으로 명명하고 기념비를 세운 것으로 알려졌다.

이러한 역사를 소중히 기록하고 고증을 해서 모든 사람들에게 알릴 수 있는 스토리텔링이 필요하고 나아가 관광 콘텐츠화할 필요가 있다.

베트남전에서 총알을 막은 이야기로 지포라이터가 세계적인 명성을 얻은 것처럼 관광에서도 감동이 있는 스토리 하나가 세계적인 관광 상품을 만들어 낼 것이다.

단순함의 미학에서

브랜드의 역할은 긍정적인 평판을 강화한다. 충성도를 높인다. 품질을 보증한다. 경쟁사에 비해 월등하다는 인식을 전달한다. 구매를 통해 제품에 깃든 가치를 공유하는 가상의 공동체를 형성한다. 과거 브랜드는 기업의 기술규모, 기술력, 신뢰감, 안정감을 가져다주었지만 현재는 변화대응능력, 자기 개혁, 시대적 센스, 국제화, 경연자의 자질, 개성, 정보 공개 및 투명성 등 기업을 바라보는 소비자의 시각 및 판단 기준이 바뀌었다.

'햇살드리'는 화성시 농특산물 브랜드다. 브랜드 가치는 그다지 높지 않다. 여타 지자체 농산물 브랜드도 그렇게 인지도가 높은 편은 아니다. 브랜드란 소비자들이 제품서비스 품질을 믿게 만드는 대표적인 '소프트 파워'를 가리킨다. 기업 경영에서 사용하던 '브랜드' 개념이 도시나 국가, 농산물로 영역을 넓힌 것이다. 제품 구입의

햇살드리 옥외 광고 / 가로시설물 광고

목적이 1차적 욕구 충족보다는 감성적·상징적 소비브랜드를 통해 심리적 만족, 사회적 욕구가 충족되기를 원하는 시대에 이르렀다. 따라서 브랜드 가치는 매우 중요하며 무형의 가치다.

현대와 같이 지역 농산물이 무수히 존재하고 브랜드 전쟁이 한창일 때 소비자에게 선택되려면 '햇살드리' 브랜드의 힘을 강하게 높여야 한다. 소비자에게 인지되고 선택되기 위해서는 효율적인 '햇살드리' 브랜드 관리가 중요하다.

화성시 농특산물 통합 브랜드 '햇살드리'에는 포도, 수박, 배, 표고버섯, 느타리버섯 등 개별품목들이 있다. 브랜드 이미지 관리는 전체 특산물의 이미지를 광고하는 데서 시작한다고 생각하기 쉽다. 이는 잘못된 생각이다. 관리의 첫 시작은 특정 상품에 집중적으로 투자하여 이미지를 높인 후 이 주력 상품의 이미지를 다른 개별제품으로 옮겨 가야 한다.

일본의 Sony가 좋은 사례다. 미국에서 작은 라디오를 히트시킨 후 가전제품 전체로 좋은 이미지를 확산시키고, 기업이미지 전체를 높였다. 1984년 풀무원에서 한 모씩 낱개 포장한 두부를 시장에 출시해 얻은 신선한 이미지로 달걀, 김치, 콩나물 등 2차 상품을 브랜드화해서 선풍을 일으켰다. 이후 돼지고기, 닭고기 등 축산물도 청정브랜드화해 성공한 사례가 있다. 자일리톨 껌과 얼음의 나라 핀란드가 세계적인 휴대전화 기업 노키아 덕분에 IT 강국으로 부상한 사례도 마찬가지다.

햇살드리 브랜드도 대표 품목을 적극 키워야 한다. 브랜드는 자식을 키우는 것과 같아야 한다. 어떤 전략을 세우기 전에 상황을 사전 분석하고 계획적으로 돌보아 주어야 한다. 단계별로는 그에 걸맞은 적절한 조치를 취해야 함은 물론 장기적으로 관리해야 한다. 햇살드리는 얼마나 전문적으로 키우느냐에 따라 어떻게 성장하느냐가 결정된다.

'햇살드리'의 간판 주자로 송산포도를 추천한다. 송산포도는 예부터 당도가 높아 명성으로 알려져 있다. 농산물의 질과 안전성을 중시하는 미국의 농산물시장에서 우수성을 인정받은 송산포도는 2005년부터 미국 수출량이 한 해 평균 30%씩 증가하고 있다. 출하창구의 단일화와 규격화, 브랜드화, 품질관리를 엄격하게 하였기 때문이다. 세계인의 입맛을 사로잡은 송산포도를 대표 품목으로 브랜드화하여 햇살드리의 타 품목을 리드해 가야 한다. 브랜드 관리자에 의해 장기적인 투자와 인프라 구축 및 브랜드 경영을 해야 한다. 단기적인 이익에 급급하거나 일정한 틀에 안주하는 근시안적인 경영 마인드로 브랜드는 성공하기 어렵다.

단순함의 미학으로 송산포도를 '햇살드리' 대표 브랜드로 키워가는 방법이 필요하다. 타 품목도 중요하지만 우선적으로 송산포도에 집중적인 투자와 다각적인 마케팅 및 프로모션이 있어야 한다. 욕심을 버리고 단순함의 미학으로 접근해야 한다.

어느 광고회사 사장이 이동통신사의 광고를 시연할 때 '이것도 넣고 저것도 좀 넣지'라고 말하는 임원의 주문에 한꺼번에 귤 6개를 던지면서 '한번 받아 보세요'라고 했다는 유명한 일화가 있다. 메시지 전달이 정확해야 한다. 사회가 복잡하고 첨단화되는 가운데 단순함이 오히려 기업경영과 마케팅의 강력한 무기가 되는 것처럼 '햇살드리' 브랜드 성공 전략에는 단순함이 있어야 한다.

단순함의 미학으로 '햇살드리' 대표 상품으로 송산포도를 특화하는 브랜드 전략이 필요하다.

송산포도로 특화하는 것이 '화성다움'

> "가치의 시대가 도래했다. 최고의 상품을 세계 최저의 가격으로 이 끌지 못하면 당신은 게임에서 도태될 것이다. 고객을 잃지 않는 최선 의 방법은 고객에게 더 많은 것을 더 낮은 가격에 제공하는 방법을 끊임없이 강구하는 것이다."
>
> Jack Welch

얼마 전 '화성포도, 브랜드화 성공…… 뉴욕·파리까지 수출 성공' 이라는 기사가 일간지에 크게 보도되었다. 내용은 이런 것이다. 화성 포도가 2001년 동남아로 첫 수출을 시작, 2005년 7월 국내 최초로 '대미수출단지'로 지정, 2007년 총 200t을 수출했다. 2005년부터 미 국을 비롯해 인도네시아·홍콩·대만·싱가포르·일본 등지로 판로가 확대됐고, 향후 러시아와 유럽 프랑스도 진출한다는 이야기다.

화성지역 포도의 미국 수출은 2005년부터 한 해 평균 30%씩 증가하고 있는데 농산물의 질과 안전성을 중시하는 미국시장에서 화성지역 포도가 이처럼 우수성을 인정받은 것은 화성시의 노력으로 출하창구의 단일화와 규격화를 이루어 내었고, 농가에서 엄격한 품질관리에 노력해 온 결과로 평가받고 있다. 이제 세계인의 입맛을 사로잡은 화성지역 포도를 송산포도로 브랜드화하여 세계인의 마음을 잡는 디자인이 필요하다.

일반인들에게 화성시 하면 떠오르는 이미지는 무엇일까? 10명 중 8명은 포도를 연상시키기 힘들 것이다. 즉 화성에는 삼성반도체 제2공장, 기아자동차 화성공장, 현대·기아차 기술연구소, 향남면 의약품 제조공장 등 지식산업이 집적해 있어 포도 재배가 활기를 띠고 있다고 생각하기 힘들다. 또 언론을 통해 자주 화제에 오르는 동탄신도시를 비롯하여 봉담지구, 발안지구 등 14개 지구의 택지개발사

화성포도 패키지 이미지

업들이 동시다발적으로 추진되고 있어 도시 개발 이미지에 화성포도가 자리 잡기는 매우 힘들다. 화성의 이미지는 산업단지와 개발이라는 이미지가 강하기 때문에 당도가 생명인 포도 재배지로 사람들의 인식에 자리 잡기에는 너무 비좁다.

화성시는 경기도의 근교농업이 발달한 지역으로, 농경지가 전체 면적의 39.4%에 해당한다. 예부터 쌀과 포도, 채소, 딸기 등 농작물과 구릉지 원예작물 재배가 활기를 띠는 지역이다. 서해안 남양반도와 조암반도가 해안으로 돌출되어 완만한 구릉지를 형성하고, 송산면 일대는 유기질이 많은 점질양토와 풍부한 일조량, 그리고 서해안 해양성 기후의 영향을 받아 포도 재배에 있어 천혜의 자연조건을 갖추고 있다. 예부터 송산면이 포도재배의 적지로 알려지면서 이 일대에서 많은 포도가 생산되었고, 당도 또한 매우 높아 송산포도가 오늘의 명성을 얻게 됐다. 천혜의 조건에서 오염되지 않은 지하청정수로 생산한 굵고 당도 높은 포도를, 화성포도가 아닌 포도산지 지명으로 더 널리 알려진 '송산포도'로 특화시켜 나가야 한다. 즉 '화성포도, 브랜드화 성공'이 아니라 '송산포도, 브랜드화 성공'이라는 제목의 기사가 나와야 한다. 송산포도 브랜드화가 성공하려면 더 많은 관심과 사랑이 필요하다. 송산면 일대의 기반 시설에 포도와 관련된 시설물과 조형물을 설치하여 포도재배지임을 알리고, 포도축제와 학술발표, 연구단지 등 포도와 연계된 산업클러

스터 구축으로 그 본질적인 인프라를 구축해 나가야 한다.

화성지역 포도의 수출 물량을 늘리는 것도 중요하다. 하지만 고품질과 브랜드로 인정받는 것이 더 중요하다. 세계인들의 입맛뿐만 아니라 마음까지 사로잡아야 하기 때문이다. 해마다 늘어나는 수출 규모에 걸맞게 '송산포도 브랜드 매니지먼트 체계 구축'해 철저한 품질관리와 브랜드화로 글로벌 경쟁력을 갖추는 성공 전략으로 디자인해야 한다. 시작은 송산지역의 특산물로 했지만 활동 반경을 더 넓혀 세계적 명품으로 나아가게 엔진을 달아 주는 매니지먼트를 해야 한다.

화성포도는 없다. '송산포도'로 특화하는 브랜드 전략은 '화성다움'을 만들어 가는 시발점이 될 것이며, 화성을 세계에 알리는 효자 노릇을 할 것이다.

간판이 도시 이미지를 만들어 나간다

영국왕립예술학교 줄리아 카심 수석연구원은 '한국의 디자인은 어떤가'라는 질문에 "표지판 등 정보를 다루는 디자인에 문제가 많다. 한국을 처음 찾은 사람이 길을 찾기란 너무 어려웠다. 가장 바꾸기 쉬운 게 정보 디자인이다. 세상엔 20~30대의 건강한 젊은이만 있는 게 아니다. 세상엔 다양한 사람이 있다는 걸 인정하는 데서 출발해야 한다"고 전한다.

사람은 누구나 아름답고 쾌적한 환경에서 질 높은 삶을 살기를 바란다. 우리나라의 경우 단기간에 경제가 급성장하면서 도시화 또한 급속도로 진행되었다. 이로 인해 도시 인구가 급격히 늘어나고, 도로의 기능은 복잡해졌으며, 공간의 이용은 더욱 확대되었다. 시민들은 이런 환경에 살면서 점차 도시환경의 중요성을 인지하게 되었다.

도시의 환경은 인간 삶의 질과 직결된다. 도시환경의 궁극적 목적이 인간의 건강성·안전성·쾌적성을 확보하는 것이기 때문이다.
도시는 광범위하고 다양한 계층과 서로 다른 성격의 사람들이 더불
어 살아가는 곳이다. 인간, 인간과 자연환경, 그리고 각종 시설물들
이 함께 어우러져 효율적인 조화를 이루는 공간인 것이다. 이 공간
속에서 사람들은 행복을 느끼기도 하고, 문화를 만들어 가기도 한
다. 도시환경은 쾌적하고 편안하게 삶을 즐길 수 있는 공간이 되어
야 한다.

도시환경에서 중요한 역할을 하는 것이 간판이다. 간판은 상점
을 광고하는 기능도 하지만, 그 지역의 분위기를 조성해 주는 심미
적인 면과 장소성을 지니고 있다. 그래서 간판은 도시환경에 미치
는 영향이 매우 크고, 지역의 이미지를 만들어 나간다. 도시마다 서
로 다른 문화와 역사성을 가지고 있기에 그 도시 이미지를 부각시
켜 줄 수 있도록 간판을 디자인한다면 개성 있고 차별화된 도시를

간판이 도시 이미지를 만들어 나간다

만들 수 있다.

간판은 시민이 이용하는 공간에 공존하기에 시민 안전과 편의 그리고 공공성과 더불어 미적인 면도 갖추어야 한다. 따라서 간판은 규격화·획일화도 중요하지만 모든 사람들에게 흥미를 주고 정체성을 바탕으로 한 질서와 통일성도 확립해야 한다. 간판디자인에 의해 그 지역의 이미지가 달라지며, 그 지역에 사는 사람들의 감각과 문화의 수준을 한 단계 끌어올릴 수 있는 요소이기 때문이다.

간판에는 지역을 대표하는 정체성도 있어야 한다. 다른 지역과 비교하여 그 지역만의 차별화된 특징이 있어야 하며, 디자인도 뛰어나야 한다는 얘기다. 간판은 도시의 이미지를 결정짓는 주요요소이다.

그럼, 간판의 새로운 이정표를 만들어 가는 신도시에는 어떤 정체성과 특징이 있는가? 신 도시를 만들어 가는 과정에서 많은 질문을 던져야 한다. 간판설치 조례에는 간판의 크기와 개수는 정해져 있다. 중요한 것은 색채와 거리의 전체적인 인상을 결정짓는 요소가 보이지 않는다는 점이다. 그리고 지역의 특색을 살리지 못하고 획일화된 디자인이라는 인상을 갖게 한다. 인간의 감정을 자극하는 직접적 요소인 만큼 주위환경이 보다 안정되고 쾌적한 지역의 차별화된 정체성을 만들어 갈 필요가 있다.

현재 우리나라 간판의 문제점은 여러 언론매체나 시민사회단체에서 이슈화하고 있다. 지자체에서는 간판 개선 사업을 통해 한 단계

지주 간판은 도시의 첫 인상이다

업그레이드가 진행 중이다. 그러나 구도심지역에서는 아직까지 문제의 실마리조차 찾지 못하고 있다.

간판은 개인의 자산이기도 하지만 공공재다. 간판은 모든 사람이 공유한다. 그래서 지역의 문화요, 장소성이다. 획일화된 간판 디자인으로는 지역의 문화를 살리지 못한다. 주변의 환경을 생각하지 않고 각자의 간판만 도드라져 보이려고 현란한 색상과 조명에 글씨만 크게 하고자 하는 이기적인 사고부터 개선해야 한다.

지역의 문화는 한순간에 만들어지는 것이 아니다. 빠른 시일에 이루어지지도 않는다. 업주나 시 관계자 모두 심도 있는 계획 아래 긴 시간을 두고 그 지역의 간판 문화를 만들어 가야 한다.

5. 디자인을 배우자

“기차에서든, 버스에서든, 바(Bar)에서 친구를 기다리는 동안이든, 사업상 만남의 자리이든, 전화를 하는 동안이든 스케치를 하고 글을 쓰는 것을 시작하라. 마땅한 종이가 없다면 냅킨도 괜찮다. 엄지손톱이라도 수 백 번 그려보고, 그때마다 떠오르는 아이디어를 적어 둬라.”

―제임스 빅터, 그래픽디자이너

서비스 디자이너가 되자

중앙일보 박태욱 대기자는 2010년 10월 1일 경제 패트롤에서 "수출·제조업에 대한 의존도가 지나치게 높다는 것은 거꾸로 내수·서비스 산업의 비중이 너무 낮다. 서비스 산업이 부가가치에서 차지하는 비중(2008년 기준)은 60%다. 75%를 넘는 주요 선진국은 물론, 경제협력개발기구(OECD) 평균 70%와도 한참 거리가 있다"고 전한다. 한편 "한국노동연구원 분석에 따르면 2000년 이후 제조업이 1% 성장할 때 고용은 0.1% 감소했지만 서비스업은 0.66% 증가한 것으로 나타났다. 특히 법률, 회계, 금융 등 생산자 서비스업과 교육, 의료, 복지 등 사회서비스업은 1% 성장 시 고용 증가가 1.3% 수준에 달했다. 하지만 한국의 서비스업 비중과 경쟁력은 너무나 낮고, 사회서비스의 경쟁력은 더욱더 낮다."

"법을 공평하게 집행하고 청렴한 것만이 훌륭한 공무원상의 전부가 아니라는 걸 절감했다." "기업의 고객 감동처럼 서울시 공무원도 시민 감동에 더욱 매진하고, 서울이 세계적인 도시와의 경쟁에서 이길 수 있도록 창의적 아이디어를 많이 내야겠다는 각오를 새로이 했다.” 서울시청 노인복지과 강병호 과장이 민간기업의 강도 높은 혁신 교육과정을 접한 뒤 밝힌 체험 이야기다. 중앙일보 2009년 7월 3일자에는 ‘공부하는 택시 기사’ 정태성 씨가 소개됐다. 세계 최고의 서비스를 배우기 위해 일본 MK택시 신입사원 연수를 다녀왔다는 사연이다. “택시 서비스에 한계는 없다”는 말처럼 어떤 손님을 만나도 다양한 주제로 대화하려면 공부가 더 필요하다는 생각에서다. 그는 서비스에 한계는 없다는 생각으로 공부를 더하기 위해 박사 과정에도 진학할 것이라고 말했다. 이들은 왜 창의적 아이디어에 목말라 하고 서비스에 한계는 없다는 생각과 함께 실천에 옮기고 있을까?

지난 수십 년 동안은 대량생산에 따른 광범위한 모방과 소비를 부추겼던 소비의 시대였다. 세계화는 미국을 중심으로 한 소비 형태를 세계로 확산시키는 통로가 되어 세계를 단일 소비권으로 형성하였다. 공급은 과잉 상태로 전 세계 주요 도시와 도시인들은 똑같은 브랜드와 디자인 그리고 생활양식을 갖추고 서로 닮아 갔다. 정보통신, 교통의 발달로 수요의 중심이 중산층으로 자리 잡아 가면서 지구는 더욱 붐비고 있다. 소비의 주체는 60억으로 폭발적으로 불어나고 있으며, 지금 우리는 풍요 속에 빈곤이라는 부자병을 앓고 있다. 소비의 시대가 위기를 잉태한 것으로, 경제 위기는 불가피하며 구조적 변화가 필요하다.

또한 소비주의 시대를 뒤돌아보면 기술의 발달, 물질적 풍요와 정보의 홍수 속에서 지나칠 만큼 개인주의에 기대고 있었다. 자신의 효용이 가장 중요하다고 믿고 개인의 만족과 행복을 추구하기 위한 환경을 지속했다고 볼 수 있다. 개인의 욕구는 점점 커지고 있으며, 인간 중심적인 가치도 확대되고 있다. 소비 시대에서 잉태된 경제 위기와 사회구조 변화는 자연스럽게 자연과 인간을 중심으로 하는 서비스 경제로 전환되고 있다.

소비주의 시대에서 잉태된 인간의 비인간화, 자원과 인간의 균열에 의한 자원 고갈, 공해 문제, 경제 위기에서 탈출하여 인간 삶의 질 향상과 경쟁력을 갖추기 위해서는 사회 변화 구조에 맞는 새로운 패러다임 설정이 필요했다. 이러한 패러다임에 '서비스 디자인'이 있어야 한다. 제조업도 단순히 제품을 잘 생산하고 판매만 하는 것이 아니라 판매한 뒤 제품의 사용과 소멸 과정까지 '서비스'를 디자인해야 한다. 또한 시민의 삶의 질을 높여 나가는 도시디자인도 시민을 배려하는 서비스 디자인으로 방향 전환이 필요하다. 개인의 만족과 행복의 욕구가 커지는 서비스 경제로의 전환에서 경쟁력을 갖추기 위해서는 사회 곳곳에 '서비스 디자인'이 필요하다.

서울시청 노인복지과 강병호 과장의 실천은 공공부문에서도 행정 서비스에 대한 새로운 인식 아래 공급자 입장이 아닌 고객 입장에서 행정을 바라보는 혁신적인 '서비스 디자인'이라고 할 수 있다. 고객에게 최고의 서비스를 제공하기 위해 노력하는 MK택시 기사 정태성 씨는 서비스 경제시대에 알맞은 서비스 디자이너라 할 수 있다. 시민의 만족과 감동을 위한 혁신적인 '서비스 디자인'과 서비스 디자이너가 되어 보자.

녹색 도시의 모델을 만들자

　　세계적 수변녹색 도시 스웨덴 함마르비 시는 수변공간과 녹지축을 이용하여 아름다운 경관 확보. 자체 하수처리시설과 폐기물 소각시설 확보를 통해 물질과 에너지의 순환을 도모하고 있다. 또한 수변 공간에 녹지를 조성하고 빗물을 활용한 인공수로 설치. 경전철과 수상교통수단, 자전거도로 등의 확충과 승용차 주차 공간 축소 정책을 통해 녹색교통수단 중심의 도시를 형성해 나간다. 함마르비 시는 자원순환형의 생태 친화적이며 에너지 절약형의 세계적인 녹색도시모델로 건설되어 30~40%의 에너지 절감을 하고 있다.

　　지구는 기상이변으로 몸살을 앓고, 세계는 금융위기 등 복합적으로 어려움 맞고 있다. 멀쩡하던 동식물이 희소병으로 죽어 가고 생물 다양성은 감소하고 있다. 유엔기후변화위원회에 따르면 화석원료를 비롯한 인간의 경제활동이 지구 온난화를 촉진시켜 가뭄과 한파, 폭우, 해수면 상승 등 자연재해를 야기하고 생태계의 자연 질서

스웨덴 함마르비시 모습

를 파괴하고 있다는 보고가 나왔다. 산유국을 중심으로 석유독재가 강화되면서 저개발 국가의 경우 극심한 에너지 빈곤과 식량난에 시달리고 있다. 여러 가지 과학적 자료를 분석해 볼 때 지구는 분명히 전례 없는 속도로 더워져 생태와 기후 위기 속에 있고, 20세기 아메리칸 드림을 욕망하는 과정에서 스트레스, 채무 불안, 소비중독으로 인한 경제·금융이라는 3중의 복합위기를 맞고 있다.

지구는 뜨거워지고 있다. 정보통신과 이동수단의 발달로 세계가 단일 소비권으로 바뀌고 소비 중심은 중산층으로 확산되고 있다. 도시가 거대화되면서 에너지와 식량은 바닥을 드러내고 있다. 소비의 인구 주체가 폭발적으로 불어나 60억에 육박한 지구는 뜨

겁고(Hot), 평평하고(Flat), 붐비고(Crowded) 있다(토머스 프리드먼, Code Green 중에서). 생존전략 카드로 그린혁명이 필요하다. 저탄소 녹색성장은 선택이 아니라 필수다. 미래학자들은 향후 20~30년간 세계시장을 이끌 산업으로 에너지와 환경을 꼽고 있다.

우리는 반세기 동안 석유·석탄 등 화석연료를 기반으로 한 제조업 중심의 고도성장을 이룩한 나라다. 화석연료 의존도가 매우 높다. 미국이나 일본처럼 아직도 제조업을 기반으로 하는 성장국가이며, 그에 따라 에너지 교역 적자폭이 늘어나고 이산화탄소(CO_2) 배출도 증가하고 있다. 총 에너지원의 97%를 해외에서 수입하고, 자원집약산업구조와 석유소비 세계 7위, 소득 수준에 비해 고에너지 소비패턴, 높은 인구 밀도로 생태용량이 좁다. 지난 1991~2000년 한반도 평균기온은 세계평균 0.7도의 두 배인 1.5도 상승했고, 해수면 상승, 국지성 게릴라 폭우, 집중호우에 따른 기상재해 급증 등 한반도 기후변화가 급격히 일어나고 있다. 어느 나라보다 '저탄소 녹색성장' 패턴이 시급하다.

우리나라도 풍력, 태양광, 연료전지, 매립가스, 바이오, 폐기물을 이용한 발전설비 등 전국에 1,396개의 대규모 신재생에너지를 이용한 발전설비가 건설돼 있고, 중앙과 지방정부도 많은 투자를 하고 있다. 수많은 대체 에너지가 만들어지고, 신재생에너지가 개발되어도 고에너지 소비패턴과 질 좋은 전력을 공급하는 데는 한계가 있

다. 에너지 절약이 나의 삶의 질 개선과 동시에 우리의 환경 개선, 국
제사회에 기여한다는 생각으로 어려움을 감수해 나가야 한다. 또
중앙이나 지방정부는 '저탄소 녹색성장' 산업으로 1석 3조의 미래
국가비전을 만들어 갈 필요가 있다.

1995년 대지진으로 폐허로 변했던 일본의 고베도 디자인을 통해
일본 내에서 가장 아름다운 해수욕장을 가진 도시로 탈바꿈했다.
자연경관이 빼어난 해안을 건물과 자연이 조화를 이루도록 디자인
해 관광객이 몰리는 스마마이코 해안을 조성했다.

영국이나 덴마크 등 유럽선진국은 지식경제사회 중심과 서비스

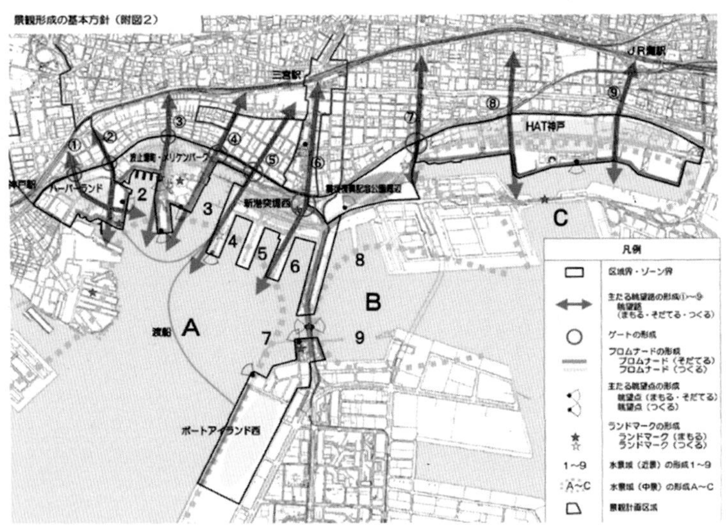

스마마이코 해안 경관형성 기본 계획

산업 전환으로 이산화탄소(CO_2) 배출량이 감소하고 있다. '저탄소 녹색성장'을 지식서비스 산업으로 모델을 만들었다고 할 수 있다. 제조업 중심산업에서 '저탄소 녹색성장' 실현 사례는 현재까지 없다. 선진국 어느 도시에도 구현된 적이 없다. 따라갈 모델도 없다. 우리 스스로 모델을 개발하고 정립해 나가야 한다. 정부나 지방자치단체, 경제계, 시민 모두가 한마음 한뜻으로 녹색도시의 모델을 만들어야 한다.

정치적 맥락에서 수많은 후보자들이 저마다 시민 삶의 질과 경제발전 공약을 제시한다. 그러나 우리나라가 당면하고 있는 에너지 절약과 기후 변화에 대해 대안을 제시하거나 중요성을 강조한 정치인은 찾아볼 수 없었다. 전 국민이 관심을 갖고 실천할 수 있도록 에너지 절약과 기후 변화에 대한 실천 모델이 이슈화됐으면 한다. 자원이 부족한 나라에서 친환경적이지 아니하고 에너지 절약 실천없이 성장과 번영을 얻을 수 있다는 환상에서 하루빨리 벗어나야 한다. 20세기 값싼 에너지와 고탄소 중심의 경제구조가 남긴 잉여물과 정신에 기생해 '친환경 도시와 시민 삶의 질 향상'을 위한다는 공약은 "公約 중의 空約"이다. 에너지 절약과 기상이변으로 몸살을 앓고 있는 지구를 살리는 데 실천 모델 없는 성장공약은 미래의 희망보다 골칫거리로 다가올 것이다.

서비스 디자인으로 경쟁력 만들기

해럴드 제임스 프린스턴대학 역사학과 교수는 소비의 시대는 가고 서비스 시대가 열린다고 한다. "미국의 소비는 광범위한 모방을 부추겼다. 수십 년에 걸쳐 전 세계 주요 도시들은 똑같은 브랜드와 디자인, 생활양식을 갖추고 서로 닮아 갔다. 소비, 보다 정확히는 소비주의(consummerism)가 세계화됐다." 미국 대학들은 소비와 소비주의에 대한 학문을 가르치는 새 커리큘럼을 도입했다고 전하며, "향후 소비주의 시대는 무엇으로 대체될 것인가. 명백한 답은 서비스 경제로의 전환이다"라고 전한다.

경제 성장, 글로벌화, 기술 평준화, 소비인구 증가 등으로 인해 세계시장은 서비스 시대로 접어들었다. 지난 수십 년 동안 정보통신과 교통의 발달은 세계를 단일시장으로 만들었고, 대량생산으로 공급 과잉 상태가 되면서 소비를 부추겼다. 오늘날 경제 위기는 불가피한 상황이면서 동시에 패러다임의 변화를 요구하고 있다. 소비 시대에서 잉태된 경제 위기와 사회구조 변화는 자연스럽게 서비스 시대에서 서비스 산업으로 전환을 이루어 가고 있다. OECD국가 대부분은 경제활동 중 서비스 산업이 차지하는 비중이 60% 이상이며 미국은 2006년 말 기준 전체 GDP 중 82%를 차지하고, 유럽 중소기업의 89%가 서비스 사업을 영위하고 있다.

제조 기업들도 기업이 살아남기 위해 수익성이 높은 영역을 따라 서비스 영역으로 나아가고 있다. 2004년 미국 제조업체 매출 중 서비스 비중이 22% 차지하고 있으며, 제조업에서 경쟁으로 부가가치를 낼 수 있는 폭이 점차 좁아지고 있어 기업들의 서비스화는 더욱 가속화될 전망이다. 미국 IBM사는 PC 부문을 매각하고 컨설팅 부문을 매입하였으며, GE는 사업 포트폴리오를 서비스 중심으로 재구성하고 금융, 헬스 케어, NBC유니버설로 진출하고 있다. 일본 Sony의 서비스 매출 비중은 2008년 기준 28%를 차지하고 있으며 게임, 영화, 금융 비중을 높여 나간다. 그 외 다국적 기업인 Xerox는 복사기 제조 기업에서 문서 관리시스템 기업으로, HP는 'Selling products'에서 'Selling service' 기업으로, Apple은 제품 ipod, iphone, ipad에서 서비스 iTunes로 통합, 새로운 생태계를 구축해 가고 있다. 국내 또한 선진국형 서비스 경제화에 따라 서비스 시장 확대와 제조기업의 서비스 기업화도 급속도로 이행되고 있다.

서비스 시대는 기술의 발달에 따른 정보의 홍수 속에서 지나칠 만큼 개인주의에 기대고 있다. 똑똑한 소비자가 늘어나고, 다른 누구보다 자신의 효용이 중요하다고 믿으며, 개인의 만족과 행복 추구를 위해 지속한 환경을 재구성해 간다. 즉 소비자들은 자신의 가치를 더욱 중시하며, 소비를 통해 특별한 가치를 얻고 싶어 한다. 서비스는 경험해 보지 않으면 가치를 느낄 수 없는 '경험재'다. 소비자는 '사용자경험 디자인', '서비스 디자인'을 통해 새로운 소비 시대를 리드하며 새로운 산업을 만들어 가고 있다. 휴대전화, 자동차, TV, 냉장고, 에어컨, 세탁기 같은 생활의 필수적인 기계제품에서도 많은 소비자들이 기능보다 디자인을 우선시하는 현상은 이미 오래 전 일이 되었다. 서비스 시대에 서비스에도 디자인이 필요한 시기이다. 즉 제조업뿐만 아니라 공공부문에까지 '서비스 디자인'이 확대되고 있다.

'서비스 디자인'은 유·무형의 서비스 요소를 통합적으로 가시화하고 혁신적인 착안점을 도출함으로써 궁극적으로 고객이 서비스를 더 높은 가치로 느낄 수 있도록 하는 실용적인 서비스 방법론이다. 서비스 디자인의 특징은 사용자가 함께 문제를 정의하고 해결책을 만드는 디자인 사고(Design thinking)를 강조한다. 그리고 디자인 방법론을 사용하며, 가능한 서비스에 대한 모든 것을 시각화하고 구체화할 수 있는 특징을 지니고 있다.

선진국에서는 교통, 에너지, 교육, 건강, 식량을 주제로 한 '서비스 디자인' 프로젝트를 다양한 유형으로 진행하고 있으며, 실제 많은 성과를 내고 있다. 디자인의 부가가치를 체감한 기업들은 디자인경영을 앞세우며 변화하는 소비자 심리에 발맞추고자 '서비스 디자인'을 실시하고 있다. 경쟁력을 갖추고 시민들에게 감동을 줄 수 있는 혁신적인 행정 서비스는 무엇일까? 행정에 '서비스 디자인'을 도입하는 것이다.

네오 재패니스크

일본이 명품국가를 선언했다. '네오 재패니스크'는 신일본양식이
다. 일본이 자랑하는 품질력에 전통을 결합해 품격으로 승부하겠다
는 일본의 전략이다. 이 계획은 일본 경제산업성과 22개의 민간단체
로 이뤄진 신일본양식협의회, 그리고 마츠시타 전기, 도요타자동차
등 52개 민간기업이 공동으로 추진하는 대규모 프로젝트다.

일본의 디자인은 전자제품뿐만 아니라 자동차, 사무용품, 그래
픽 디자인, 고급 패션 디자인 등 다양한 영역에서 세계적인 명성을
얻고 있다. 서구의 선진 디자인과 활발한 교류를 하며 전통적인 문
화에 접목시키고 있다. 지금까지 많은 디자인이 서구화 영향을 받
았지만 전통적인 양식을 고수하는 분야도 있다. 바로 실내의 가구,
도자기, 주방용품 영역이다. 동양의 전통문화를 기반으로 하여 서
양의 생활문화를 받아들이고 있는 일본인들은 서구문명을 직접적

으로 도입하여 전통문화와 융합시켜 일본화한다. 동시에 모던화를 시도하여 세계적인 상품을 생산하고 일본문화의 새로운 트렌드를 선도하고 있다.

2000년대 중반부터 시작된 새로운 문화전략인 '네오 재패니스크(Neo Japanesque)'를 들 수 있다. 일본의 전통적인 미의식을 첨단 기술로 구현해 내고, 여기에 전통문화를 가미해 국가경쟁력을 배가하겠다는 것이다. '일본다움'을 강조하는 전략으로 패션·디자인·자동차·테마파크 등 다양한 분야에서 활용되고 있다. 2006년 말 '네오 재패니스크' 전략을 활용한 상품 및 공간 100선을 발표했다. 일본도(刀)의 매끈한 선을 도요타 자동차에 응용했고, 야마하의 디지털 피아노는 디지털 기술이 구현됐으면서도 수제(手製) 악기의 느낌을 살린 대표적인 사례이다. 토토(TOTO)의 변기는 일본 특유의 청결 의식을 담아내고 있다.

일본 제품은 1970년대 이후 독일이나 이탈리아 상품들과 경쟁력을 갖고 있다. 기술적으로 더욱 진보되었으며 시각적으로도 세련되었다. 패전후 20년간의 엄청난 노력을 통해 일본의 제조 산업은 이제 상품 디자인에 대해 더욱 자신감을 갖게

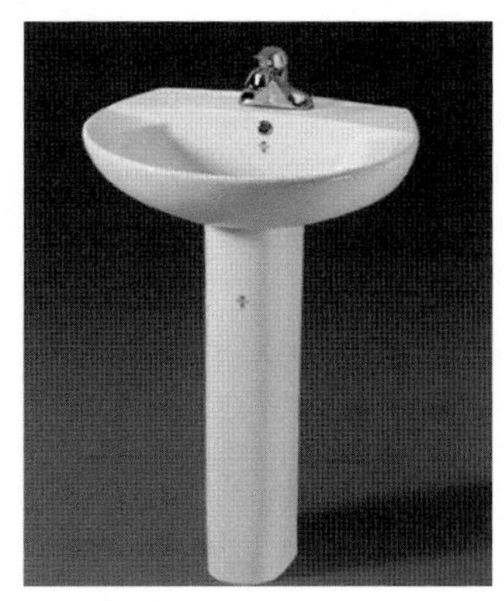

토토 세면기

되었다. 디자인을 단순히 시장 점유율을 높이기 위한 수단이 아니라 그 자체의 장점을 지닌 하나의 질로 인식하였던 것이다. 일본은 더 이상 남의 디자인을 좇아가는 위치에 있지 않고, 많은 상품에서 트랜드를 주도해 가고 있다. 일본은 상품에 절실히 필요한 국제적 판로를 찾기 위해서는 단순히 상품의 스타일이 아니라 공격적으로 시장판매를 해야 한다는 사실을 인식하고 실천에 옮겼던 것이다.

조직 내에서 디자인 담당부서의 위치는 대부분 높게 나타나고 있다. 자동차 제조회사인 도요타, 혼다, 마쓰다, 닛산은 획기적인 디자인보다 안전성과 경제성에 중점을 둔 자동차를 생산한다. 한편 일본에서는 고용인과 회사와의 관계가 서구사회와 다르다. 이 점이 일본 산업이 디자인을 효과적으로 통합하는 데 성공할 수 있었던 요인이다. 소비자 의식과 니즈의 증대, 시장의 글로벌화, 주주가치의 최대화라는 기업환경 변화 등에 맞추어 기업 브랜드의 고부가가치화, 차별화의 중요성이 인식되고 이러한 인식을 기반으로 디자인을 전략적으로 활용하는 계기가 되었다.

일본은 일찍부터 디자인의 중요성에 대한 이해가 있었다. 디자인 정책 관점에서 살펴보면 첫째, 일본은 과거 서구 제품을 모방하여 저렴한 가격에 판매하던 국가 이미지를 개선하기 위하여 정부 주도형의 디자인 정책사업과 기업의 적극적인 디자인 정책을 도입하고 있다. 일본제품의 95% 이상이 제품디자이너에 의해서 디자인되고,

일본 디자이너들의 90% 정도가 기업체에 소속된 'In House Design'이다. 둘째, 소비자 욕구에 부응하기 위하여 공동 작업으로 빠른 변화를 시도한다. 일본 제품의 세계적인 성공은 형태와 기술적인 진보와 질적인 관리에 있다. 셋째, 지방정부와 기업들이 주축이 되어 공동으로 디자인센터를 설립해 중소기업 지원 및 중소기업을 연계하는 사업을 추진하고 있다. 지방정부와 지역 민간경제단체의 지원을 받는 기관으로는 오사카 디자인센터와 나고야 디자인센터가 대표적 사례다. 지방정부의 지원을 받는 대표적인 디자인센터는 홋카이도현, 니가타현, 가나자와현, 도야마현, 기후현, 이시카와현, 후쿠이현 7개소로 구성되어 있다. 그밖에 47개의 지방자치단체 내에 디자인 관련부서가 설치되어 있다. '네오 재패니스크' 정책 배경에는 세계 경쟁력의 기준이 품질보다 품격이 중요한 시대로 변했기 때문이다. 따라서 국가의 격을 제품의 격으로 변화시키는 전략적 차원에서 접근하고 있으며, 기술 차별성 감소, 가격경쟁, 감성화 소비 시장에서 철저한 품질관리와 신속한 제품 개발을 중시하는 Quality Japan 브랜드 전략의 수정으로 볼 수 있다.

일본의 전통 디자인 영역의 공존과 함께, 새로운 문화의 시대를 맞이하며 서구 문화와 '일본적 사물'을 병치(竝置)하는 지혜를 엿볼 수 있다. 일본 산업이 개혁에 기반을 두고 있음에도 불구하고 오랜 전통의 기술과 문화를 지원하고 있다. 제품의 세계적인 성공은

전통문화에 바탕을 두고 현대 디자인을 적용하여 독자적인 디자인 방향을 모색함과 동시에, 시장의 다양한 욕구를 흡수하여 제품에 변화를 꾀하는 데 있다. 세계적으로 알려진 디자인 특성은 도자기와 칠공예 같은 전통 수공예의 이미지와 카메라, 전자제품, 오토바이 등 하이테크 제품의 이미지다. 일본의 성공요인은 전통공예의 섬세함, 간결성, 장식성, 명쾌성 등이 산업생산에 융화되어 일본 기술(Technology)의 완벽주의와 극소수의 '디자인 신화'를 만들었다. 이러한 전통과 현대화의 융합 과정을 통하여 일본의 무사도(武士道, ぶしどう), 젠(zen)문화 등과 결합하여 세계적인 일본 디자인을 만들어 가고 있다.

일본의 21세기 디자인 기본방향은, 디자인을 문화적 개념으로 육성하는 것이다. 첨단 기술의 등장으로 디자인산업도 디지털 글로벌화함에 따라 이에 적합한 고품질·고품격 이미지와 전통문화의 융합 전략으로 신일본 양식을 만들어 가고 있다. 일본 기업은 이 같은 이미지를 심기 위해 일본이 가지고 있는 문화적 전통을 최대한 활용했다. '일본도 세계에 자랑할 만한 문화적 전통을 가지고 있으니 무시하지 말라'는 메시지가 담겨 있다. 일본의 디자인 성공은 여러 다른 요인들과 결합, 생산과 판매에 있어서 '디자인 문화'가 통합적인 역할을 하고 있다. 근본적으로 일본은 고유의 색깔을 갖고 있다.

2차 세계대전 후 산업기반이 완전히 파괴되었던 일본은 재건 과정에서 미니멀리즘(Minimalism)이라는 스스로의 색깔을 찾고 그것을 세계에 알림으로써 세계 무대에 화려하게 복귀했다. 소니, 닌텐도, 도요타 등은 일본이 작고 정교한 제품을 잘 만드는 국가라는 이미지를 세계에 알렸으며 이렇게 형성된 국가 이미지는 다시 개별 기업의 상품과 브랜드 이미지를 높이는 데 큰 역할을 했다. '네오 재패니스크'의 가장 큰 특징은 자국의 문화를 알리기 위하여 문화상품을 만드는 것이 아니라 수출할 상품에 문화적 요소를 가미함으로써 문화·경제적 효과를 창출하는 것이다.

정책에도 디자인이 필요하다

영국왕립예술학교 줄리아 카심 수석연구원은 "인클루시브 디자인 (Inclusive Design)은 세계적 트렌드다. 장애인·노인 등 사회적 약자를 배려하는 디자인이다. 공존과 상생의 철학이 바탕에 깔려 있다"고 전한다. '한국에서 어떻게 활용될 수 있을까'라는 질문에 "한국에선 노인층이 급격히 늘고 있다. 노인을 위한 디자인부터 생각하는 게 좋을 듯싶다. 몸이 불편한 부모님이 집 안에 고립돼 있길 원하는 사람은 아무도 없다. 부모님들이 사회에 지속적으로 참여하는 방법을 찾는 게 인클루시브 디자인(Inclusive Design)이다."

가족생활주기(family life cycle)에 따르면 노년기는 퇴직으로 인해 경제력을 상실하는 시기이며, 이때 노인들은 어떠한 형태로든 자신의 노후를 가족이나 사회에 의존할 수밖에 없다. 또한 노년기에는 장기적인 요양보호를 필요로 하는 만성퇴행성 질환의 발생이 증가하기 때문에, 노인인구의 증가는 곧 가족이나 사회적 부양부담

비용의 증가를 의미한다.

부양이란 "노후에 경제활동을 할 수 없기 때문에 나타나는 경제적 빈곤, 신체적 퇴화, 그리고 사회·심리적인 고독에 대해 필요한 사항을 지원해 주고 돕는 것"을 말한다. 노인부양문제는 가족의 구조와 기능의 변화라는 맥락에서 고려되어야 한다. 일반적으로 대가족 구조를 바탕으로 한 전통적 사회에서 노인들의 노후는 주로 가족에 의해서 부양받고, 산업이 발달한 핵가족 구조의 현대사회에서는 주로 연금이나 공적 부조라는 사회보장제도에 의해 노후부양이 이루어지고 있다.

우리나라는 1960년대 이후 산업화로 인해 사회·경제적으로 커다란 변화가 있었으나, 아직도 많은 노인들이 자녀와 함께 살고 있을 뿐만 아니라 자녀와의 동거 기대치가 매우 높다. 따라서 가족은 여전히 노인 부양의 기능을 수행하는 가장 중심적인 위치에 있다. 이러한 현실을 고려하여 정부는 경로효친의 미풍양속을 중시하는 가족제도를 유지·발전하도록 '선(先) 가정보호, 후(後) 사회보장'을 노인복지정책의 기본방향으로 추진해 오고 있다.

현재 우리나라에서 실시되고 있는 노인복지정책과 서비스에는 노인의 소득보장을 위한 노령수당제도, 노인공동작업장, 고령자 취업알선센터가 있다. 이밖에 노인에게 식사를 제공하는 경로식당, 노인의 의료보장을 위한 노인전문병원과 보건(지)소, 노인의 여가를 위한 노인정, 노인대학·노인학교, 노인(종합)복지관이 있다. 또한 노인의 입소시설로는 무료양로시설·요양시설과 실비양로시설/요양시설, 유료양로시설·요양시설이 있으며, 노인에 대한 세금혜택으로 주택양도소득세와 상속세 인적 공제가 있다. 이와 같은 노인복지정책은 노인뿐만 아니라 부양가족을 위한 정책도 일부 포함하고 있다. 그러나 가족구성원 모두를 대상으로 하는 정책이라기보다 노인만을 강조한 정책이라는 한계성을 보이고 있으며, 실질적으로 가족의 부양기능을 지원하는 제도는 미흡한 실정이다.

현대사회의 가족 기능은 전통사회와 크게 달라지고 있다. 사회여건의 변화로 인하여 가족 자체의 능력만으로는 노부모 부양보호 기능을 전담하기 어려운 실정이다. 따라서 정부는 가족의 노부모 부양기능을 보완하고 가족 해체를 예방할 수 있는 다양한 사회적 서비스를 제공할 필요가 있다. 가족에 의한 노부모 부양정책이 보다 실질적인 효과를 거두기 위해서는 노부모 동거가족을 위한 간병 수당제도의 도입, 금융 및 주택지원제도의 개선, 재가 및 시설보호 서비스의 확대가 필요하다. 아울러 노인복지정책이 전통적인 부양자로서의 여성 역할에 의존하기보다 남녀 모두 동등하게 참여할 수 있는 지원체계를 구축해야 한다. 즉 노인복지정책에 있어 가족구성원들이 수행하는 부양자로서의 다양한 역할 수행을 지원하며 이들의 보호노동 가치를 인정할 필요가 있다는 얘기다.

결론적으로 노인과 가족의 복합적인 부양욕구에 적합한 정책과 서비스를 개발하기 위해서는 보다 거시적이고 장기적인 정책 디자인이 필요하다. 노인부양은 가족, 지역사회, 정부 간의 적절한 역할 분담을 통하여 공동의 노력으로 이루어져야 한다. 또 가족구성원의 부양능력과 의사를 고려한 사회적 지원체계를 구축해야 한다. 이밖에 가족이 노인부양 기능을 적절히 수행할 수 있도록 적극 지원하는 보다 다양한 정책이 수립되어야 한다.*

디자인 리더십은 무엇일까?

디자인이 지배하는 시대가 왔다. "대다수의 최고 경영자들은 형이
상학적 세계 속의 시장에서 어떻게 하면 제품에 가치를 부여할 수 있
는가에 대해서 전혀 모르고 있다. 그러나 미래의 시장은 바로 그것을
원한다고 소리쳐 댈 것이다. 선택할 '물리적인 제품들은 어딜 가나
흔해졌기 때문이다. ……대다수의 기업들은 브랜딩과 마케팅을 같은
것으로 생각하는 경우가 많다. 그리고 디자인은 새로운 마케팅 캠페
인이라고 생각한다. 그러나 오해이다. 디자인의 영역은 훨씬 더 크다.
디자인은 단지 새로운 로고를 만드는 것에 그치지 않고 기업의 잠재
력을 달성하는 것이다."

—디자인 리더십 중에서

디자인을 포장의 한 영역으로만 바라보던 시대는 지났다. 상품기
획, 기술 경영, 마케팅, 문화 등 기업 활동의 총체적인 요소들이 결
합된 복합적인 관점에서 보는 경향이 강하게 나타나고 있다. 요즈

음은 디자인 산업 규모가 성장해 새로운 트렌드를 이끌어 낼 정도로 영향력이 커지고 있다. 디자인 리더십을 통해 새로운 가치를 창출해 나가야 한다. 정책입안자나 결정권자가 디자인 리더십을 갖고 있느냐가 매우 중요하다.

첫째, 디자인 리더십에는 열린 혁신(open innovation)이 필요하다. 아름다움과 새로움은 느낄 수 있지만 실제 생활에 얼마나 많은 편의성과 효율성을 제공해 주느냐 하는 것은 이용한 사람들의 결과물이기 때문이다. 따라서 아무리 새롭고 아름다운 디자인이라도 그것을 전문가나 정책을 추진하는 몇몇 사람들의 머리와 결정에 따라서는 호응을 얻기가 쉽지 않다는 것이다. 그렇기 때문에 이용자의 순수한 생각이 포함되는 디자인이어야 한다.

똑똑한 소비자들이 늘어나고 있다. 도시의 기획·정책 개발에서 이미지까지 점점 더 많은 분야에 참여하길 원한다. 지속 가능한 도시디자인에 시민들의 참여도 필수적이다. 소비자들은 가치를 더욱 중시한다. 소비자들은 소통을 통해 특별한 가치를 얻고 싶어 한다.

한편으로 시민들은 정책에 대한 더 많은 정보를 원한다. 일례로 포도주스를 살 때도 어느 농장에서 생산된 포도인지, 농장 근로자에게 적절한 보상은 돌아가는지 알고 싶어 한다. 소비자들은 단순히 물건을 사고파는 거래 관계를 넘어 기업과 특별한 관계를 맺고 싶어 하는 것과 같다.

첨단 정보통신인 트위터는 소위 '추종자'들과 온갖 정보와 뉴스를 주고받으며, 개개인이 거대한 네트워크의 주인이 되게 만드는 마력을 지녔다. 중심에서 주변으로의 '위계적 소통'이 아니라 가입자 하나하나가 누구하고나 소통하는 '분산 소통'을 하는 문화에 익숙해 있다. 인터넷의 해결사 위키피디아는 '한 사람의 천재보다 1억 명의 보통 사람이 더 똑똑하다'고 단언한다.

한때 미국의 벨연구소나 항공우주국(NASA) 같은 곳은 세계 최고의 극비 신기술의 제조창으로 명성이 높았다. 하지만 정보의 보편화로 요즘은 원자폭탄 설계도조차 인터넷에서 쉽게 구할 수 있는 시대다. 그런 '닫힌 혁신'(closed innovation)은 빛을 잃어 가고 있다.

모든 정보를 혼자 끌어안고 있기보다 열린 혁신(open innovation) 리더십에 기대는 것이 훨씬 유리한 시대다. 행정서비스에 있어서도 다수의 시민들과 '관계'를 잘 형성해야 한다. 애플이나 구글이 전 세계 개발자에게 문을 활짝 열어젖혀 수십만 개의 응용프로그램을 만들게 한 것은 열린 혁신의 리더십이라 할 수 있다.

둘째, 디자인 리더십에는 휴머니즘이 있어야 한다. 애플 아이폰이 한동안 다른 스마트폰을 이길 수 있었던 가장 큰 원동력은 감탄할 정도의 '사용자 인터페이스'다. 모든 제품이나 서비스에 인간 중심의 감성적인 면을 부각시킨 것이다.

앞으로 경쟁력은 모든 분야에 있어서 얼마나 '인간 중심적'으로 디자인하느냐에 달려 있다. 인간 중심적 디자인은 가령 팔꿈치와 무릎 부분에 천을 덧대 만든 노인의 옷을 보는 것 같다. 관절이 약한 이들이 넘어질 경우를 대비한 '배려'가 디자인에 녹아 있는 것이다. 시민을 배려하는 인간 중심적 생각과 실천이 디자인리더십이다.

조직에 창의적 디자인 리더십이 발휘할수 있도록 환경을 만들고, 인재를 확보할수 있게 개방의 가속화와 투자가 확대되어야 하다. 존재하기 위해서…

디자인은 필수다.

사람들은 왜 디자인을 원하는가?

무엇이 좋은 디자인인가?

좋은 디자인의 효과에는 무엇이 있는가?

디자인이 문화적 힘을 가지려면 어떻게 해야 하는가?

디자이너가 예술성 있는 작품을 만들지만 그것을 즐겨야 할 사람들이 감동하지 않는다면 무슨 가치가 있겠는가?

특히 공공디자인에서 중요한 것은 특정 기관이나 단체 그리고 단편적 사고에서 겉모양만을 만드는 것은 안 된다. 우리의 정신이나 역사, 전통, 유산 등 문화의 재발견을 통해 '감' 있는 재료를 찾아야 한다. 그리고 다함께 형태를 만들고 색깔을 입히는 '꼴'을 구성원들과 함께 만들어 미래의 비전과 가치를 만들 수 있어야 한다.

왜냐하면 디자인 산물은 우리의 터전이며, 우리의 삶이며, 비전이기 때문이다. 우리 스스로 슈퍼디자이너가 되어야 한다. 우리의 자유와 행복한 삶은 신의 섭리에 따라 움직이는 것도 아니고, 누가 가져다주는 것도 아니다.

생활은 바른 자세에서 바른 생각과 행동을 위한 '바른디자인'
긍정의 DNA로 내일의 행복을 만들어가는 '행복디자인'
이웃 주민과 소통하며 비전을 만들어가는 '비전디자인'
공동체 속에서 관심과 배려하는 '서비스디자인'

이러한 디자인 실천을 통해 나에게 우리에게 사회에 감동을 주어야
한다. 우리는 디자인에 더 관심을 가져야 한다. 디자인은 더 자유롭고
더 행복한 삶을 위한 구체적인 실천이다.

참고자료

비터 파파넥, 인간을 위한 디자인
최명식 외 4인, 디자인 힘, 컨트롤타워가 필요하다.

조선일보
중앙일보
중부일보
화성뉴스
연합뉴스

*중부일보, 김승건 칼럼 수정 인용, p.117
*중부일보, 김승건 칼럼 수정 인용, p.21
*중부일보, 김승건 칼럼 수정 인용, p.26
*중부일보, 김미혜 칼럼 인용, p.171
*조동성, 21세기 디자이너, 중앙일보 칼럼중에서, p.123

http://holicjour.blog.me
http://blog.naver.com/athena049
http://blog.naver.com/tomato678
http://blog.naver.com/jinsub0707.do
http://blog.naver.com/jinsub0707.do
http://photo.naver.com/view
http://blog.naver.com/sunny5531

남주헌

사)한국디자인정책개발원 원장
한국정보정책연구원 부원장
경희대학교 예술디자인대학 객원교수
중부일보 칼럼리스트
한국디자인정책학회 이사
교원캠퍼스 원격교육연수원 자문교수
경희대학교 대학원 디자인학박사 취득

전, 신성대학 산업디자인과 교수(1998~2008)
　　교육과학기술연수원 운영강사(2009~2010)
　　화성시 도시디자인 자문위원
　　(재)광주디자인센터 자문위원

『슈퍼디자이너가 경쟁력이다』
『대한민국 변화의 중심은 디자인이다』

디자인을 말하다

초판인쇄   2011년 7월 1일
초판발행   2011년 7월 1일

지은이   남주헌
펴낸이   채종준
기 획   권성용
편집디자인 김은정
표지디자인 이종현

펴낸곳   한국학술정보(주)
주 소   경기도 파주시 교하읍 문발리 파주출판문화정보산업단지 513-5
전 화   031)908-3181(대표)
팩 스   031)908-3189
홈페이지   http://ebook.kstudy.com
E-mail   출판사업부 publish@kstudy.com
등 록   제일산-115호(2000.6.19)

ISBN   978-89-268-2294-4 03330 (Paper Book)
            978-89-268-2295-1 08330 (e-Book)

이담 Books 는 한국학술정보(주)의 지식실용서 브랜드입니다.